靈售力

你不會得到你想要的
你會得到你相信的

謝明杰　著

目錄

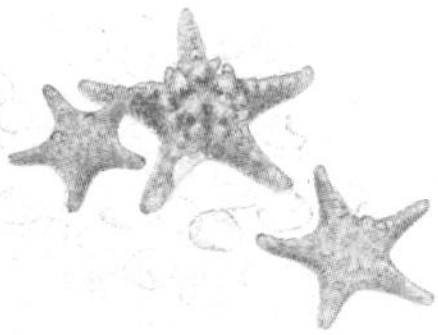

6 覺醒的力量 148

7 真實的修練 174

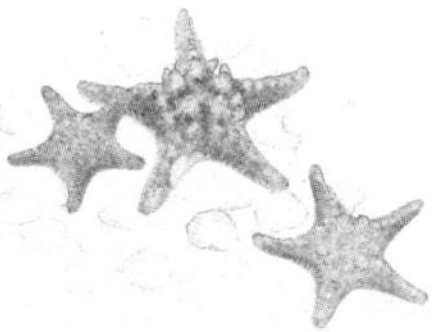

☆寫在「錢」面

我從十七歲的時候就開始從事業務銷售的工作，一直做到我退伍回來，我又投入不同的職場，但一樣是做銷售工作。在十幾年的時間內，我擺過地攤賣雜貨，賣過百科全書，賣過汽車，賣過保險，賣過房子。我在銷售上面做過這麼多，幾乎是各種銷售模式我都經歷過，包括在那個沒有網路的年代，如何用書信的方式去打動人心，如何電話開發……這一類的。

身經百戰的我，曾經單單為了求生存卻不可及，也就是魯蛇。這些年來我體會到，魯蛇不是一種命運，它是一種可以改變的內在設定。而改變的方法就在本書，改變的力量則在你心中。

書名用「靈售」二字，起於「零售」的諧音，那是商業中直接面對顧客的一環。在這一環中有許多的學問，最大的學問來自於深入「人性」，日子久了，人看多了，都能磨出一番自己對人性的見解。這見解無關正確與否，但至少是「於他適用」的見解，這個見解將陪伴他度過一生，直到中間發生可能的轉變。

誰都有改變看法的時候，有些看法的改變是因為年齡階段的不同，而更多看法的改變則來自於人生遇事經驗的多寡。

要是每一個人都明白自己的心，搞通自己的心，就不只會懂人性，同時還會搞懂他賴以生存的財務脈動流向。當他運用自己的天賦去創造人生時，就會比一般人事半功倍。

要搞懂自己的心也不難，對自己老老實實、對外正大光明也就是了，問題是在這物欲橫流、表象彰顯的世界，有幾個人可以真誠的面對自己和他人？要基業長青持盈保泰的財務自由，無論如何還是得從心做起。

心靈自由才有財務自由！

這本書會不會成為你的改變？都看你自己了。

謝明杰

你不會得到你想要的
你會得到你相信的

1 心靈的程式

大多數人的覺性來自於外在引動、外在的因素，例如醫生說你的健檢報告都是紅字，或是你因為體重過重被分手，或是你的生命裡出現生離死別這一類巨大的創傷打擊。能夠因為外部發生一些變化而自己產生覺性，都算是幸運的，但最有力量的是，在這些危機到來之前就可以產生自覺。如果等待著你的生命外在發生某些事件來讓你改變，那就像雞蛋被外力改變一樣，雞蛋被外力打破會變成食物，但是你「自覺」的從裡面打破蛋殼，你會成為一個全新的生命。

所以不要等老天幫你的人生布下重重暗樁，讓你跌個千瘡百孔之後，你再來說「我要改變」，那個是後覺者，只能夠撿人家的剩菜剩飯。先知先覺者就是：看到別人那邊跌跤了，看到別人這個地方出現問題了，就知道警惕、知道調整，然後自我約束、自制自律，那麼你在很多層面都會顯得跟別人不一樣。否則你怎麼解釋，念書的時候同一班的同學，為什麼有人後來年收入三百萬，有人年收入三十萬都不到？難道不是一樣人生父母養、一樣都是老師在課堂上教的嗎？因為內在覺性和領悟的層次不一樣，表現出來的行為就不一樣。

所謂的心靈的程式，指得是你的信念、你的信仰、你的價值觀。而「靈售力」要說的是：啟動你內在心靈的力量，幫助你去開發人生中的各種機會，創建你所想要的豐足人生或者是美夢成真。

你說它只攸關金錢嗎？這裡把金錢拿出來講，是因為金錢在這個世界被認為是成功的象徵，金錢被認為是一個人的能力跟條件、社會地位的成功象徵。即便很多人都會否認這樣一個很扁平的說法，但事實上，和一個窮光蛋相比，大家骨子裡都還是比較尊敬有錢人。其實大家尊敬的也不是錢，是金錢背後的能力。

那靈性的力量有沒有辦法達到金錢的豐盛？如果靈性的力量做不到，那靈性就不靈了。當然豐盛不等於錢，但錢可以獲得某種程度的豐盛。

什麼叫豐盛？真正的豐盛不是因為有很多錢可以買十戶帝寶或一百台法拉利，如果你已經有一百個億，再讓你多十個億也只是數字的增加而已，你吃的飯不會更多，你睡的床也不會更大，你屁股坐的還是那張椅子。既然是這樣，我們為什麼要努力讓自己有錢？

金錢的價值在於選擇。金錢除了滿足你的需求之外，還可以增加你更多的選擇。舉例來說：如果你口袋錢多一點，你不吃 M&MS 巧克力的話，可以吃 Godiva；你也可以因為比較喜歡吃 M&MS 而買 M&MS，但是你擁有買得起 Godiva 的口袋，你買 M&MS 只是因為你愛吃，不是因為你只買得起 M&MS。這就是為什麼有錢人跟窮人吃同一個白饅頭味道不一樣。我周圍很多很富有的人，沒事喜歡吃清粥小菜，難道他們只吃得起清粥小菜嗎？

金錢能夠給你的不過是多一點的「選擇」而已，但你的人生可以因為選擇範圍的擴大而不同。你可以開 NISSAN 或者你可以開賓利，賓利很貴，為什麼你要選擇開賓利？NISSAN很一般，你為什麼選擇開NISSAN？每個人對「最好」的定義不同，有人的最好是安全，有人的最好是尊貴，有人最好的意思是很炫，有人的最好是性能好，有人的最好是保養很划算……每一個人「最好」的定義都不一樣。對一個剛開始就業的社會新鮮人來說的「最好」，有可能是一台很炫的摩托車。對某些人的「最好」，有可能只是一台普通腳踏車。所以，沒有最好的，只有「最適合」的，但不管最好或是最適合，如果你沒有錢，你一點選擇的機會都沒有。

在談金錢之前，讓我們先回歸基本面。

大部分的人都搞不清楚，什麼東西對自己是最適合的。要怎麼知道呢？就像買鞋子，你無法一眼就知道這鞋子合不合腳，你一定得試。是的，人生是必須透過「試誤」來得知「適合與否」，但有多少次你最後才發現「這我不適合」、「這不是我要的」，而生命歲月青春已經一去不回。用青春與好奇心換取慘痛教訓的你，到底要試誤多少次才會找到你要的價值觀和方向？

當你看著你不認識的別人過著讓你羨慕的生活，你一定也有追逐更高的生活品質、更大的夢想的欲望，但午夜夢迴，你也無法避免輾轉反側問自己：「我配嗎？我值得嗎？我可以嗎？」就好像我在寫第一本《老神再在》的時候，我也曾經問我自己，我能確認「那是祂在講話」嗎？「我配讓祂跟我講話」嗎？後來因為那回答不可能是我掰得出來的，加上在那過程中，發生很多很奇妙的事件讓我確認「是祂」的時候，我害怕得顫抖！我不可置信——

「我是嗎？我配嗎？我值得嗎？為什麼是我？我真的可以嗎？」不是只有在面對老天的時候我們會這樣子問，我們在面對自己的心靈和夢想的時候，也會有這個懷疑。因為你的心靈就是神，而神其實願意滿足你的夢想。

☆打開你的靈命

在問「我值得嗎」之前，你要先自問一個問題：「我的夢是什麼？」如果沒有金錢的條件限制與社會、家庭、道德、職場各方面的條件限制，當這些枷鎖限制通通沒有，你想怎麼過日子？這就是一個人的夢想。當你開始在想這個問題的時候，你就開始邁向覺醒之路了。因為有一天你會問你自己「我是誰」，就像我當年一樣。

你是誰？

謝明杰啊。

你是謝明杰啊，所以全世界叫謝明杰的都是你囉？

啊？當然不是啊。

那你到底是誰？

呃～我……我就是我啊。

「我」是一個字啊，你只是一個字嗎？

呃～不是啊。

那你到底是誰？

我，我……

當你開始被覺性啟動去思考「我是誰」的時候，你就不僅僅是一個為了肉體生存下去的工具、為臭皮囊賺錢的電池，你開始不只是一個生命，你是一個「靈命」。而接受、相信、專注是三把鑰匙，可以把一個人的靈命打開了。當你靈魂開始甦醒了，在你內在裡面看到一些力量，開始要用這力量去創造一些價值時，這整個過程就會讓你的人生不一樣。

「價值」，外在的物品就會有定價，以金錢為單位，但靈魂的價值沒有計價單位，也沒地方買。靈魂存在這個宇宙之間，化身為你這個肉體，來到這個世界，一百年之內肉體要消滅；既然最後都會死，而活著只有吃苦受罪和短暫的享樂……到底我們為什麼要這樣活？如果人生最後都是一堆灰、一陣煙，那我們正在過的日子到底有什麼意義？

一定必須存在更有價值的東西，才好讓你值得來走這一遭。然而，出生一開始就邁向死亡，好像你做數學習題，一看就知道這個問題的答案是什麼。你知道人生最後的結局是死亡吧？那你現在為什麼不去死？為什麼不？因為你還活著呀！你還有事要做，而那個過程是你要的！

承認吧！你想要精采的人生過程，讓你的夢想成真，那就——用「靈魂」實現「豐盛」。

☆履行對自己的承諾

從四十二歲開始，因為五十肩，我才開始每天到健身房做重量訓練。那時候手抬不起來，抬不到胸口的高度就痛，我先去看中醫，中醫幫我針灸，針完兩天又開始痛，然後我實在痛苦得受不了了，我就問「樓上的老大」怎麼辦？老大居然告訴我：「去健身房！」

這個答案讓我無法接受啊！我痛到連手都抬不起來，還叫我去健身房做重量訓練？有沒有搞錯！可是我很聽話，老大叫我做重量訓練，好，我就去。

當你答應了，就是一個承諾。因為我答應了自己，於是我就開始上健身房。頭三個月，我都是很勉強地逼自己每天早上去運動，有時候真的很不想去，可是已經答應自己了，就算天人交戰，還是到健身房再說吧！然後車都停在健身房門口了，還是不想進去。我告訴自己：「都來了，進去吧！進去就算履行承諾了。」進去後在器材前面發愣。

都已經站到器材前了還是不想動，怎麼辦？告訴自己：「既然都已經來了，就做幾下吧！」就這樣，一點一點的逼自己，每天這樣分段的逼自己，逼到最後，習慣成自然，到後來對重訓上了癮，每天身體不痠痛不腫脹，我就不舒暢。

所以，一開始一定要經過一個逼自己的過程，不過這個過程不會太久，最後你的習慣、你的慣性會讓你愛上運動。

「對自己承諾」背後有一個很重要的心理機制。人之所以沒有辦法對自己負責任，是因為他沒有「履行承諾」的習性，他對別人輕諾，對自己也輕諾，隨口說說。這樣的人，我們會覺得他很不負責任，也往往，這樣的人都不太有自信。

一個人可以講話鏗鏘有力、信心十足，是因為他真實，而「履行對自己的承諾」就是真實的第一步，也是建立自信心和話語權的開始。

這種「負責任」是一種重要的內在價值觀，很多人在成長過程中，因為父母自己就不是一個負責任的人，或是有那種凡事都為兒女承擔的父母，導致沒有讓子女養成負責任這樣的觀念。從懂事起，我們就被「大量的」教導要「對外」負責任（例如求學、職場、伴侶），獨缺對自己負責任。事實上，對自己的責任更是重要。如果一個人對自己都不負責任，指望他在工作上或是為伴侶負責任，那是妄想。

對於自己的承諾要去履行，這是開始鍛鍊「負責任」這塊肌肉。你不能夠等到債主要來逼你，要你面對債務，要你負責任，你才來鍛鍊負責任這塊肌肉。臨渴才掘井是很痛苦的，寧可把自律放在前面。

☆持續做舒緩身心的運動

「我今天起床去跑步了！」用這樣簡單的事情來肯定自己。跑步會讓心臟增加跳動的次數，讓血液循環加速，你的大腦會分泌腦內啡，那是天然的嗎啡，它帶來的興奮效果強過任何已知的興奮劑，所以人會產生欣快感。你有那種大汗淋漓、全身暢快，然後心裡很平靜、很喜悅那種經驗嗎？如果有，你就知道我說的感覺。

當你每天以歡欣愉悅的狀態作為一天的開始，你身體的血液循環和各方面機能，都會因為這樣而變得更好。當然，偶爾有一天沒有克服惰性，你也不要覺得難過喪氣，給自己一點彈性，一點打氣，再接再厲。小小的逼自己就好，這並不會太難，小小的逼自己撐過頭三個月，到了第四個月，如果讓你休息不要跑步，你會說：「不行，我已經養成習慣了，不跑好像怪怪的。」

所有的習慣都是從「不習慣」開始養成的。不用花錢、不用找大師、不用拜大廟，要訓練自己內在的心靈，外在的起步不是打坐，不是買書，不是上課，就是開始運動，這麼簡單而已。

不一定要跑步，喜歡瑜伽就做瑜伽，想做重量訓練就做重量訓練，有人是跳肚皮舞，有人是跳有氧舞蹈……各種運動都好，讓自己的身體動起來！身心都是相關的，身體動起來，心靈也才能開始活躍。

現在健身房裡面有許多健身的課程，其實都是很有幫助的，只要能夠幫助你心情愉悅、很暢快地流汗，就達到運動的功效了。然後，你要願意持續，「持續」才是會讓運動的各種功效發生的主因。三天打魚兩天曬網那個不叫運動，那叫活動，真正運動是「每一天」。

有人說他每天上班都要走很長的路，或是他都故意把車停很遠，走五千步才進辦公室，這樣子算不算運動？也算。每個人挑選各自適合自己的運動都很好。

為什麼有運動、活動、勞動的差異，是因為心境。真正的運動是能夠舒緩身心的。當你感覺你的心境是緊張的，運動就容易受傷。你上班前早點起來，離上班時間還早，這時間沒有辦公室電話會來吵你，這時間也沒有要回覆的電郵，老闆這時間管不到你，全部都是你的時間，你可以很輕鬆。這樣放鬆身心的運動是最有幫助的。

☆專注在你做的事情上

假設你正在用力推舉鍛鍊胸肌，上頭是七八十公斤的槓片，當你正在用力的時候，你腦袋不能有別的念頭，只有專注在用力上。你不能想心上人，不能想下午要軋的票，事實上是：你根本不可能會想，你如果想，就推不上去。

當你處在一個不會有雜念、也不允許你有雜念的狀態下，無形當中就在訓練你專注了。專注在你要做的每一件事情上面，就是活在當下。

運動，每個人都做得到，運動對身體跟心靈都會有很大的幫助，不是只有對身體的好處而已。事實上，如果研究運動員的心理素質，就會發現，運動對於心靈力量的強化多有效。特別是在意志力的層面，運動幫助你克服與生俱來的惰性，你會自律。而一旦你克服了這個與生俱來的惰性，你會覺得自己超級棒。

看看每天有多少人是不情不願的起床，用愁眉苦臉開始一天的生活，然後覺得自己的人生糟透了！像是賴床、拖延、逃避這些習慣，讓你原本預計要做的和該做的事情，都拖到最後一刻才去做。為什麼會這樣？

不想面對、進而逃避其實只是表象，潛在內心裡面的軟弱、不負責任，就會讓人如同行屍走肉。所謂行屍走肉的意思是，他不知道自己「活著」有多珍貴，因此活的沒有方向，沒有目標。逃避和拖延是「無心無愛」的表徵，對自己的無心無愛就是對自己最大的不負責任，當一個人習慣不負責任，久了就會像是行屍走肉。

☆快樂的開關是「接受」

每個人來這個世界上，都被限制在這個地球上，很多東西你都沒辦法選擇。其實這些懶惰、不面對或逃避都好，核心關鍵只有三個字，叫作「不接受」。這也是一切不快樂的主因。

比如說，你不接受現在住的地方、你不接受自己的外型、你不接受現在的薪水、你不接受老闆交給你的工作內容、你不接受口袋裡就只有幾千塊……只要有「不接受」，你一定不快樂。而最悲摧的是，還不能告訴別人你不快樂，不但要裝堅強，還要表現得光鮮亮麗快快樂樂，讓別人覺得你是人生勝利組，讓你有面子、有社會地位。

外表光鮮亮麗，內在千瘡百孔，其實是很多現代人的實際狀態，就算是宗教或心靈圈也不例外。核心就在心裡面那個「不接受」。

其實，如果一個人的內在有很多不接受的東西，還是會看起來快樂的，那叫強顏歡笑——

我很好。

你看我還可以去日本玩。

嘿，這是我帶回來的紀念品，來，送你一個。

我很好，我可以吃五星級下午茶、做精油按摩，把自己弄得美美的。

你看這個愛馬仕的包。

我們明天中午去吃那個丼飯，一客六百八的。

我很好。

一切都很好。

真的嗎？

人們會偽裝自己不接受的生活，刻意展現出光鮮亮麗的一面來苦中作樂。你看臉書上面永遠都是光鮮亮麗、教人喜悅的東西，有人說那是在炫耀（只是在炫耀的人永遠都不會承認），也有人說那只是在分享生活中的美好。其實，只要是你喜歡的人，你就會覺得他在分享；你不喜歡的人，你就會說他在炫耀。這跟「人帥真好，人醜性騷擾」的心態一樣，但不論你外在如何表現，心裡面到底快不快樂，只有你自己知道。

表面上看起來，「不快樂」是造成很多問題的原因，是造成很多人和人衝突的原因。但其實「不接受」才是導致一個人不快樂的內在原因。

像我，從小我父親經常生氣，生氣就扁我出氣，家裡烏煙瘴氣，他給我很糟糕的童年，然後我為此陰霾了幾十年，憤恨痛苦了幾十年。直到有一天我清醒過來：「他打的是以前的謝明杰，我是現在的謝明杰，那到底關現在的我什麼事啊？」我直到長大了都還「不接受」他過去那樣的對待，「不接受」這已經不可逆的事實，然後這份「不接受」讓我「繼續」痛苦許多年。

原來開關在我的裡面啊！我終於找到我長久不快樂的原因。讓我分享這個觀念給你：一個人不快樂的開關在我們自己身上，想快樂很簡單，把開關扳到「接受」就好。

一生中，讓人不開心的事情太多了。《聖經》上面說：「如果有人打你的左臉，你要連你的右臉也給他打。」這句經文裡用「打」來比喻生命中讓你挫敗、痛苦、傷害的事，是要告訴你：「只要你能理解痛苦的原因，並且明白痛苦後面的好處，你會願意迎接後續的挑戰。」

你為什麼會願意迎上右臉給他打？當你真的清楚——「是的，這個挨打的痛苦擴大了我的心量，開啟了我的慈悲和同理心，我完全接納這件事，我不但不會感到痛苦，我還會心甘情願的歡迎更多。」你如果不懂這個道理，你會吼著：「為什麼打我？為什麼讓我痛苦？我要拚命！我要討回來！」於是二元世界的爭鬥就開始了，搞得不是你死就是我活。

☆接納一切就能活在當下

怎樣才能夠接受？答案很殘酷：「你吃苦吃得夠多就能學會接受了。」當你沒得選擇，你就接受了。

舉個例子：一隻狗吃骨頭是因為牠比較愛吃骨頭嗎？你丟一塊牛排跟丟一塊骨頭，你看牠先吃哪一個？因為沒得選擇，牠才吃骨頭的啊！骨頭就是在人生中的那些很不好的際遇。當一隻狗沒得選擇、只有骨頭可吃的時候，當然牠只能啃骨頭，因為有還強過沒有。「人在屋簷下，不得不低頭」，當「形勢比人強」的時候，只有一個解釋：「心甘情願，低頭接受。」所謂的「厄運」是要讓你體會到臣服的力量。

可是如果接受了呢？請注意，我講的「接受」不是「認命」的那種，不是遇事退縮、逆來順受、楚楚可憐的那種，不！而是你整個人面對生命的一切，不管好事壞事、厄運，不管什麼樣的事情發生和對待，你都一體接受。

「接受」是一種「不對抗」的臣服，對抗是痛苦的，不對抗是一種安然自在，具體的表現就是「全然接納」。

當一個人可以領悟到對一切內在與外在「不渴求」、「不逃避」、「不抗拒」，就能領悟「無分別」的意境，然後就會真正明白「大自在」是什麼樣的滋味。那是一種真正在「當下」清清楚楚明明白白的狀態。在這樣的狀態之下，創造會變得輕而易舉。

有時候「生命際遇」會把你逼到牆角顫抖啜泣，直到你接受。老天不要你討饒，祂只要你學會接受。學會這一課，是我的狗教我的。

我以前曾經窮到身上只剩下五十塊，家裡面再也翻不出來零錢了，下一頓不知道在哪裡，我只能買一個當時三十九塊錢的國民便當跟我的狗「果子狸」一人分一半，然後我一邊吃、一邊為下一頓飯憂心忡忡，心揪成一團，眼淚都快掉下來，我卻看見果子狸開心的吃著半個便當，而且兩眼放光、嘴角上揚，好開心地看著我。我那領悟的眼淚一下子掉了下來——

原來真正的快樂，與「接受當下一切」有關。狗是很當下的動物，牠們有得吃就是幸福、就有快樂，完全不會去煩惱下一頓。而我的苦惱讓我失去了當下，更讓我失去了喜樂！在吃便當的那一剎那，果子狸牠那個快樂的能量和我共振，我瞬間被影響，一下子就快樂起來。我在那一瞬間被牠教會——活在當下就是接納一切，接納一切就能活在當下。

☆練心的方法

我熱愛射箭運動。射箭是一種比較靜態的運動，看似不費力，其實很耗能。

射箭是練心，只要是與「射」有關的運動，都需要身心靈的合一，包括球類運動。籃球選手在投籃的瞬間或是足球選手在射門的瞬間，幾乎都處在一種旁若無人的寧靜狀態。其實不論你拿的是弓或是槍都好，那張弓或那把槍就是你的身體，你的身體要跟它融合，子彈或是箭就是你的心，你的前面有一個靶，那個靶是靈，你的工作是要讓身心跟靈來合一。

弓是你的身體，因此你的射姿要正確，才能跟弓合一，就像你開車的時候要調整座椅，才能人車合一一樣。當你手上握的那張弓跟你整個人的姿勢是統一和諧的時候，你會進入一種靜跟定的狀態，你會注意到箭和靶中間那條肉眼看不見的能量線，於是在你拉弓後，在身心最放鬆的狀態之下鬆手，就只能夠命中。所以射箭是一個很好練心的運動，訓練心的靜與定。

射箭與禪，有著密不可分的關係。中國的古代用射箭來看人品（射以觀德），之所以如此，是因為射箭會反應一個人的心性，也可以訓練一個人的心定。而「禪」的境界不可言說，只能意會，一落入文字，就著了相。一般人每日忙於工作與家庭，離禪的境界遙遠，透過射箭活動，我們可以在那當下，去體驗心物合一與極度專注的身心狀態。你會看見，原來你的心、腦、身從來就不是在一起的，透過射箭，可以再把他們重新結合起來。當自己是合一的，要和天地萬物合一，就不是太難的事了。

射箭是練心，心和身體是分不開的。現代人很忙碌，如果不是身體出毛病了，一般不太會注意到養生，就連在心靈圈中，大家也是注重心靈較多，弄到上三輪都快升天了，可是下三輪卻如如不動。

我用射箭練心，當心靈強健，身體的問題就不容易出現。沒有身體這個臭皮囊、或這個身體不健康，你的心靈也沒有可以歸附之處，身體才是基礎，而且這個基礎你不能靠醫生，得靠自己。在心靈圈子裡面，我們經常談光、談愛、談靈氣，都很好，但這些都必須要建立在一個活人身上，如果你一直在生病，那些光與愛和靈氣，跟你有什麼關係？

☆用愛作根基

人在痛苦中，學習和領受的總比歡樂深刻。趨樂避苦是人性，一味地逃離痛苦卻學不到什麼。很多人不上不下抱怨連連，從沒有想過是因為自己過於安逸。所謂的安逸不一定是日子舒服，沒有動力就是安逸，不願面對痛苦、不願訓練自己、裝備自己也是。

射箭——身是弓，心是箭，靶是靈。用這把弓，讓心與靈合一——上靶。射擊也是，身是槍，心是子彈，靶還是靈。需要的都是一顆安定的心和穩健的身體。身心都不安定，子彈或箭就難以順利上靶，或是容易偏移。

一個有著嚴重矛盾心理的人，身心都相斥，靈魂自然也不會安定。舉個例子：一個對原生家庭有著巨大的憤恨的人，卻又希望自己的作為可以表現出讓家人肯定、認同、讚美。這心態本身就是巨大的矛盾，這個矛盾不解除，做什麼事都不到位、都不落地，容易有空虛茫然之感，似乎是怎麼努力都無法做到。

射藝練心，因為你會看見自己的心透露出來的訊息。身心的矛盾不除，弓和箭、槍和彈就不能被你恰當的使用，或無法被用出最佳成績。

什麼是愛自己？你都怎麼愛自己？讓心平靜、快樂喜悅，然後你會發現愛，有愛作根基，然後看見信心。

☆代謝心裡的毒

每個人的身體都有癌細胞。原本這些健康的細胞，為什麼異變成癌細胞？很多人會說，因為自由基或是因為醃漬類的東西吃太多……其實吃的東西還好，只要不太離譜，你的肝跟腎都還可以代謝掉。但你「心裡」的毒要拿什麼代謝？家裡面的垃圾，你知道要往垃圾堆丟；心裡的垃圾，你往哪邊丟？多數人會選擇找個人抱怨：「啊，你出來一下好不好，我心情不好，我媽怎麼樣、我爸又怎麼樣……」

訴完了苦以後呢？好像有舒服一點點。但下次心情不好，又重複「那個誰誰誰，我爸又……」。這無盡的循環去不掉怎麼辦？只有一個方法——當「他接受」他媽媽或爸爸就是這個樣子，他就再也不會心煩了——就以現狀來看他們。

舉個例子：我們跟客戶開會，看到桌上擺著一隻杯子，就「預期」這一定是我平常愛喝的咖啡，結果不是。「搞什麼？你不知道我愛喝咖啡嗎？你不知道我不喝茶的嗎？你給我茶幹什麼？」一下子火冒三丈。可是，我不喝茶干你什麼事？又干茶什麼事？茶有錯嗎？你準備茶，你有錯嗎？都沒有。不接受茶的我才有問題。

因為我有預期心理，所以我不接受這是茶。對於茶來說，一點影響都沒有，我愛不愛、喜不喜歡它，干它什麼事啊？如果茶會說話，它會說：「哼！愛喝就喝，不喝拉倒，要不高興，氣死你好了！」這就是做自己。

世間萬物都知道怎麼表現自己，只有人會三心二意無所適從，很多人很在意別人不喜歡他。剛剛模仿茶講的話，其實任何東西都像茶這個樣子，它才不管你喜不喜歡它，這是一個自信的態度——「我就是這個樣子，我接受我完全的狀態，如是本是。」當一個人完全的接受自己，就可以無礙的接受一切。

如果一個人心理健康、心靈素質強大，他會得癌症嗎？這個答案我不知道，但我相信機會會少得多。我的媽媽本來是「疑似」胃癌的，她在一九九九年跟我爸爸離婚，這對她打擊很大，情緒的關係導致二〇〇〇年她胃穿孔，在一旁照顧她的我，也在同年猛爆性肝炎發作，幾乎喪命。那幾年母子相依為命，正是風中殘燭的階段。我媽媽在胃穿孔的治療過程中，醫師在她的胃裡又發現疑似腫瘤的東西。而我也檢查出肝臟內有二顆腫瘤！（到底過去的日子裡承擔了多少壓抑和痛苦？）人窮就有病來磨，有什麼辦法？聽天由命吧！

這樣艱辛的日子過了幾年，一度撐不下去。後來我的第一本書《老神再在》出版了，因為不想驚動母親的情緒，所以我沒有告訴她我出了這本書（但為了感謝她，我刻意挑母親節讓新書上市）。直到這本書銷量不錯，我才讓她知道，她認真的細讀一個禮拜，感動到每天跪在地上哭著感謝主，之後她再去照胃鏡，醫師說她胃裡的「腫瘤」沒有了。我相信是她的心境（心神）救了她，她的喜悅救了她，她的愛跟她的感動救了她。至今她七十四歲了，依然每天健康快樂的參加各種長青活動。

☆用減法來自我探索

我們要去見某些重要人士的時候，例如面試要見老闆或面試主管，我們會很擔心我們的談吐、我們的服裝或交出來的成績，是不是能被他接受、是不是能被他滿意，我們一直都活在這樣的預期狀態、猜測的不安跟高低的情緒當中。老闆隨便一個眼神，就可以讓我們開始在內心上演小劇場：「他是不是覺得我今天的表現不夠好？還是我拉鍊沒拉？還是我……什麼地方不對勁……」

真是想太多！但很多人會這樣子七上八下，其實人家根本沒有太在意你，只是一個自然的眼神而已。會猜測、預期、七上八下，是因為他對自己沒自信，因為他沒有辦法接受他自己。

一個人會沒有自信的原因，跟他無法接受自己有關。就像一杯茶：「我就是這個樣子啊，我就是這杯茶，全然、本然的，你愛不愛、你喜不喜歡，我不知道，管你的，這就是我。」其實很多老闆反而喜歡這樣的員工，有主見，有主見的人多半都伴隨一些能力。很多開創型的老闆不喜歡那種謹小慎微、唯唯諾諾，只會附合上意說「是、是、是」的員工，開創型的老闆喜歡和大開大合的人共事。

當你的角色融入一個職場、一個人際圈子的時候，你會清楚的知道，在這個圈子有一定的規範、倫理、次第。就算只是表面上的，這層關係還是你要維護住的，這是你身在這個範圍的角色裡該盡的責任。人本來就會依著不同的環境、不同的角色，去表現自己的模樣、態度、應對進退，我們稱這叫做面具。是的，這是面具。

它之所以存在，是因為確有必要。

可不可以戴面具？當然可以！不然你用跟你媽講話的態度跟你主管說話試試？而走靈性這條路，也不代表你不能戴面具，關鍵在於：你可不可以摘得下來？很多人戴著面具演戲，角色轉換太多，演到最後，自己是什麼、真實的面目是什麼都不知道了。

小時候天真單純無知，「面具」對孩子來說只是一種玩具，所以才說那是赤子之心、本來面目。為什麼長大需要去找本來面目？因為你變世故了，你被社會同化了，你適應了不同的環境、不同的應對態度，甚至你變得深沉老練、工於心計，各種權謀手段可以伸手就來。你徹底的融入了世俗，忘掉了你本來的面目，所以才需要去找本來面目。

修行的過程是一個「剝除」的過程，有人說這是減法的人生階段，說這個階段像是剝洋蔥。要「減」的不是只有外在的物質，也包括內在，已經被世間訓練得習慣成自然的欲望、情緒、脾氣、制約、個性。

而剝洋蔥則是一個不斷自我探索的過程，隨著歲月流轉歷事豐富，洋蔥皮越剝越多，越來越看清自己的本來面目。只是你也知道，剝洋蔥會流淚的，探索自我的過程也少不了幾滴感傷感動、甚至是悲痛的眼淚。剝到最後你才會發現，原來洋蔥心是空的，往往當你終於證實這件事時，你已經年華老去、青春不在。既然是這樣，何不在覺性生起之時，就拿起刀將洋蔥一刀劈開，直視本心，直取赤子。

覺性有高低、悟性有次第，不論如何，修到最後，你會愈來愈展露赤子之心，愈來越像孩子，所以耶穌才說：「不像孩子的人不能進天國。」還說：「讓孩子到我這裡來，因為天國是屬於他們的。」

赤子之心有什麼狀態？天真、實誠、善良、單純、喜悅。你的世故應該只教你不要愚蠢，但是不應該把你的單純跟真誠、喜悅消滅掉，關於這些，你只要「相信」就可以做到。

☆寫出你的內在本質

你是怎麼看你自己的？（拿我自己為例：謝明杰是怎麼看謝明杰的？謝明杰覺

得自己是一個什麼樣的人？）方法很簡單，拿一張紙和一支筆，把手機關掉，電燈打開，房門關上。就一個人，認認真真，老老實實的把你對你自己的看法寫下來。

不要誤會我的意思，不是寫你想要的自己，或是你期望的自己，而要你寫下的是「你目前當下怎麼看你眼前當下的自己」，請你用一個很高的、很超然的角度，用一個第三者的視角來看待你自己這個人。

當你這麼做的時候，會發現你好像人格分裂了，你好像有兩個自己，好像是透過另外一雙眼睛在看你自己。

當你感覺到自己整個人好像是分裂了，好像是另外一個自己在看自己，並且用一個很超然、很客觀的角度，透過文字來描述你自己。當你是處在這樣的狀態時，你就做對了。那麼不管你寫下來的是什麼，它都透露著你內在潛意識真實的看法。

當你寫完之後，有可能會發現：哇！我怎麼會這麼負面，哇！我怎麼會這麼囂張！或是我怎麼這麼沒有生命力、我怎麼這麼不愛我自己……不管你寫下來的是什麼，請你不要評判，千萬不要評判。

建立自信的第一項作業就是先探索自己，以「我這個人」為題寫一篇自我探索。

要注意三個層面：第一，寫的是「自己」。第二，要寫「當下」的自己。第三，「我這個人」意思就是要以人的角度來看，你不要說我是天狼星人，說我是列穆尼亞人，說我是亞特蘭提斯轉世投胎的，什麼宇宙混種外星人之類的。就是一個普通人，很單純、很直接，很當下的「你這個人」。你可以細細的回顧你從小到大一切生命的歷程，然後慢慢地、不疾不徐地用一個非常超然客觀的角度來側寫你自己。

我跟你保證，寫完之後，你會發現，你對自己有全然不同的認識。不要簡答，建議不要低於五百字。如果你這個人只用五百字就可以描述完畢，不是你的表達能力太差了，要不然就是你的人生乏善可陳。你能寫多久就寫多久，能寫多少就寫多少。請你拿出一張紙和一支筆，不要用電腦打，用手寫的。題目就是「我這個人」。重新認識自己，重新檢視自己。

不管寫出來的東西讓你喜歡還是臉紅害羞，還是覺得自己好驕傲，還是覺得不像自己，都不要緊。你有潛意識，也有表意識，在你裡面有兩個你，甚至更多的你。很多時候，你以為你是你，其實你不是你，當你在撰寫這個題目的時候，你會很清楚的看到這個事實。不管你看到的是哪一個部分，請你停止評判你自己，請你停止再對自己下任何二元對立或是標籤化的判斷。

標籤化是什麼意思？就好像一顆石頭，「石頭」這個名字是人們安給它的，無論它是不是被稱作石頭，都不會改變它堅硬和粗糙的本質，因為那就是它。那個不會被改變的就是它的本質——能寫出來的，就是你內在的本質，而不是標籤。你頭腦的論斷才是標籤，頭腦很愛下判斷定標籤。

這是椅子，這是石頭，也是「標籤」，但這個標籤只是掛個牌子，很容易拿掉；有一種標籤像是用鋼模打印上去的，那種標籤就難以磨滅了，我們要談的是拿掉這種「如鋼印一般的標籤」。這種標籤就是接在「我就是」後面的文字和意念，像是：「我就是很糟糕、我就是很害羞、我就是很不善表達、我就是這樣的個性……」

請停止再對自己下任何二元性的判斷，你才能發現自己的本質。

2 自信的種子

遠方的國度有一個老先生，他窮到家徒四壁，所有的財產只有一匹馬。他有一個兒子，有一天，這匹馬跟著兒子出去，回來後兒子說馬跑不見了。

鄰居知道這個事情之後就說：「哎呀，老先生你好可憐吶，你所有的財產只有一匹馬，這匹馬跑不見了，那你就沒有財產啦，真是很可憐。」

這老先生就回答：「哎呀，不要這樣說嘛，好，也不一定好，不好，也不一定不好。」

鄰居搖搖頭就回去了，老先生一樣很樂觀。

沒有兩天，這匹馬不但回來了，還帶回來一群馬，因為他這匹是發情的母馬，還帶回來一群公的野馬。哇，一下子這個老先生的財產變很多，因為他的馬變很多了。

鄰居又來跟他道賀：「恭喜你呀，你一匹馬換回這麼多匹馬，現在變大富翁啦，恭喜你！」

老先生又講話了：「這有什麼好恭喜？好也不一定好啊，不用高興的太早。」果然沒多久，這個老先生的兒子為了訓練這些野馬，從馬背上摔下來，摔斷腳了，於是就沒有辦法去訓練其他的馬。

這個鄰居很煩的，三姑六婆一樣，又跑來說：「哎呀，老先生你真的很可憐啊，你才生一個兒子，這個兒子現在腳斷掉啦，沒有人幫你做這些粗重的事情啦，這些馬沒有人幫你訓練啦，哎呀，你真是很可憐啊！」鄰居搖搖頭又回屋子裡面去了。

其實這個老頭心裡面想：「你這鄰居真的很煩吶！好，不一定好，不好，也不一定不好，兒子摔斷腿也不見得不好，以後的事誰知道？多事！」

果然沒多久，國家發生了戰爭，所有年輕力壯的男丁都要被徵召去打仗，這個兒子因為腳摔斷，所以不用上戰場，可以保住一命陪著這個老先生。

鄰居又來講話了：「哎呀，你這個兒子因禍得福啊，因為他摔斷腳就可以不用去當兵啊！……」

老先生這次火大了：「你煩不煩吶，好，不一定好，不好，不一定不好，你聽不懂嗎？回去！」

很多人知道這是「塞翁失馬」的故事，從這個故事裡面可以知道，誰是真正豁達的人、看開看透的人，誰又是那個執著在二元對立的人。最可笑的是，執著的人往往還要一直影響豁達的人。

不管你怎麼看自己，那都只是一個看法跟想法而已，不代表真正本質上的你，不具備任何實質上的意義。當你可以做到完全沒有分別，對自己的內在完全不下判斷、不貼標籤，就這麼安然恬適，這個時候是建立「內在自信種子」的最好時候。

接下來要用到一點催眠的手法。最好、最強烈的催眠莫過於自我催眠，所以當你能夠對自己催眠，就能夠扭轉你的人生。這個神奇的魔法指令是這樣子的：「我是神聖偉大不可撼動的存在，我比過去我所以為的自己更加的強大！」

這是一句帶著魔法的語言，我先不解釋這句「咒語」的意涵和為什麼這麼說。之所以叫做「咒語」，就是先不急著說明，照做就是。當你對著自己說一遍、兩遍的時候，你會覺得好笑。但是當你對著自己說一百遍、二百遍、三百遍、五百遍，當你對自己說十天、二十天、三十天、一百天、二百天的時候，它會發揮出神奇的魔力。請你不要懷疑這個結果，因為它放諸四海皆準，他對每一個人都產生作用，不要忘記。宇宙的力量是對每一個人開啟的，只是你有沒有選擇去使用這個力量。

可能有一些比較「頭腦」的人在這邊會有諸多的疑問：「謝明杰，我怎麼覺得像個傻子一樣，每天早晚對著鏡子看著自己的眼睛唸這些話，怎麼感覺這樣的自己像個神經病？」正常！你才剛開始訓練你的腦袋，訓練你的潛意識，頭腦會反抗，很正常。

你前幾個禮拜都會有這個感覺。而且我還可以告訴你，當你做到第三天的時候，你會覺得自己笨到無以復加，這個笨的感覺是你頭腦給你的。頭腦會告訴你：「嘿！不要再笨了好不好，不要再做這種無用的事好不好，放棄吧！你不可能的啦！什麼內在神聖不可撼動的存在，你不要傻了，你腦袋才是真實的存有好不好，幫助你前進的、指揮你該往左往右的是你的腦袋，不是什麼神聖偉大不可撼動的存在，你幫幫忙好不好，停止這愚蠢的行為吧！」

你的頭腦會想盡辦法，用盡一切伎倆，包括讓你覺得不舒服、不習慣，讓你感覺非常的愚蠢、非常的害羞、非常無地自容等等諸多的感覺，來阻止你進行對內在潛意識的重塑。如果你停止，那你又重回舒適圈了；如果你停止，你又重新當回「聰明人」了，但只是個聰明的平凡人。所以這樣到底是聰明還是笨，我也不知道。

如果你選擇的是堅持，如果你完全不要管那些不舒服，不要管那些慣性，不要管那些頭腦的雜音，你持續的做。只要撐過半年，你一定會有所不同。

有人說潛意識的重塑或新習慣的養成要二十一天，這是神經語言學家他們的說法，事實上這個說法沒有任何科學上的根據。每一個人的進程不一樣，有人需要的時間比較久，有的人可以快一點，所以最好的辦法是：在你確信你內在意識重塑之前不要停止，不要停止！每天早晚對著鏡子唸。到什麼程度，你會覺得真的完成了？唸到你看著鏡中自己的眼睛，嘴巴唸的同時，內心產生極大的激動，極大的感動，流下眼淚……恭喜你成功的完成了內在潛意識的重塑。

這個時候，你內在會有如一百座火山一樣的力量，等著要爆發。這個時候，你會覺得你無所不能，你會覺得你愛全世界，你會覺得你可以接受所有的困難、所有的挑戰，所有來自於人世間的攻擊、毀謗。因為這個時候，你就是愛的化身，而愛是可以成為世間最強、最有力的武器，足以抵禦全世界所有的狀況和問題。

☆從同理心開始

我曾經去回溯「我的母親」這個女人的一生，但我不是用兒子的角度回溯，是用一個局外人、社會人士、第三者，以超然客觀的角度，去看這個女人的一生。然後我得到兩個字——「瞎妹」。是縱觀她這一生所作所為、所思、所言、所行的總和。因為她做很多事情都很瞎，所以她會在搬家的時候端著一碗麥片粥上車，就一點都不奇怪了，就得到合理的解釋了。可是當我終於用一個客觀超然角度得到這樣子的結論，其實我是很難過的。

還沒完。媽媽看完了，看爸爸。我一樣用一個第三者、超然客觀的角度去檢視這個男人的一生，我得到兩個字——「傻瓜」。

我媽是瞎妹，我爸是傻瓜。得到這兩個客觀的認知之後，我非常難過，我就是那個傻瓜跟瞎妹的結合！我多麼渴望父親是無所不能的英雄，我多麼希望媽媽是一個氣質高貴言談不凡的女人。我多麼希望他們一個是我的天、一個是我的地，能夠帶給我不凡的成長經歷！但偏偏不是，我的爸爸是傻瓜，我的媽媽是瞎妹。

我非常痛苦，無法接受這個事實。我在海邊待了三、四個小時，一直沉浸在這個痛苦的情緒，直到我對自己說：「這樣下去不行，我要自救。」你看我已經是個作者，已經是個心靈工作者，已經被人叫老師了，我還是會遇上「不接受」的關卡。

我讓自己的意識再重新回到小時候，但這一次我是帶著「我已經知道他們是傻瓜跟瞎妹」的意識。我看到一個小男孩，跟著一個傻瓜與一個瞎妹在一起過日子。因為他們是傻瓜跟瞎妹，所以能夠提供的環境很糟；因為這個小男孩是傻瓜跟瞎妹的結合，傻瓜不懂怎麼當爸爸，經常生氣，所以這個小男孩常挨揍。這三個人一起生活，日子辛苦問題叢生。然後這小孩一路長大變成很不快樂的少年，他握著拳頭說：「我一定要離開這個家，我絕對不要變成跟我爸媽一樣的人。」我看到那個小男孩變成少年握著拳頭講這個話，然後出門去。

謝天謝地！少年並不傻。畫面跳接，鏡頭移轉，少年在外面大風大浪、人間險惡種種的歷程都經歷過了，一晃眼，這個少年已經四十幾歲，見識過這些人世間的霜杯雪盞，回頭再看看這個傻瓜跟這個瞎妹，雙鬢已白、滿臉皺紋。霎那間沒有恨了！

這個少年離家後，一路的過程，當過比傻瓜更糟的魯蛇，也有過很多個性上的缺陷，甚至一度走入生命的死胡同。他明白了眼下這個叫做父親的男人，他理解了他。當然，對於他的「瞎妹」母親，他只看見在她並不算聰明的腦袋中有著無盡的愛與疼惜，還有用堅忍的毅力與生命的韌性把他養大。

這個少年運氣不錯，他還有點悟性，有點長進，所以對過去的一些創傷跟痛苦可以放下並且超越。如果這個少年現在還是魯蛇或是也成了傻瓜二代，可以想見，那個原生家庭和父母，會成為這個少年怪罪怪到死的對象。

這並不奇怪，「歸咎」向來是人性裡推卸責任的好方法。明白這一切的少年坐在車裡笑了。於是接下來，少年回到了坐在車裡面冥想的我。

我知道他們的生命過程，也知道他們一生性格形成的原因。我悲，悲他們一生的遭遇；我嘆，嘆他們性格的盲點。我內在發出從未有過的同理心，發動引擎一路哭著開車回家。

當我開始能夠同理我的父親、同理我的母親，我才開始能合理化他們的行為，知道並理解他們的行為模式其來有自。所以，「了解會幫你帶來接受，接受會帶來力量」。接受，會帶來活下去、繼續前進的力量。

這是我的生命故事。雖然，變的是我，但人與人之間只要其中一方改變，關係就會改變，就像基督教講「一人得救，全家得救」。其實不用多，有一個人「變」就好。一盞小燈，哪怕只有五燭光，在一片黑暗當中也最顯眼的，黑暗中的一些昆蟲就會往那五燭光的方向靠近。就算只有一個人覺醒，周圍的人都會被影響。

那時候在海邊的我，像佛陀當年在菩提樹下說的那句話一樣——我如果沒有在思想上面解決這個矛盾，我就不要離開這個位置，我要搞清楚，這一切的發生對我到底有什麼意義？

為什麼以前想不通，現在想通了？因為以前是從兒子的角度看父親、看母親。當你是用兒子的角度看父母親，你就會產生很多的要求：他是你的爸爸，所以他應該愛你，所以他應該要對家庭負責，所以他應該要……當你用兒子的視角來看他的時候，你對他會有期待，你會有要求，當他無法滿足那些期待、要求，就變成你內在的憤怒、批判跟不滿。相反地，當你用一個第三者的角度，完全不相干的角度去看他這個人的時候，你就能夠得到很客觀的評價，你得到的是一般世俗人看待他的真相。只有不帶色彩、立場「真正的看」，才能看見真相。

不用兒子的視角去看他，這並不容易。但對我來來講不難，原因是夠痛。痛到一個無感的狀態後，自然能夠用一個超然的角度去看，很愛他的話，我要怎麼樣用超然角度？

至於我父親有沒有優點？他當然有優點，只是我長期不去看，甚至是刻意的忽略，這也讓我無法正確的認識這個叫做爸爸的男人。當我是用一個從小心靈就受傷的兒子的視角去看，他的優點成了盲點。可是當我用一個第三者、超然的角度去看他的時候，我看到了他的優點，我看到他這個人夠浪漫，這個人有很足夠的想像力，只是這些都不是成就一個幸福的家庭、成功的事業以及快樂的人生的必備條件。

☆「相信」是宇宙間最偉大的槓桿

一旦你真的下決心「改變」，你還需要「相信」。徹底的「相信」可以改變基因的頻率，讓自己扭轉外境，「相信」就是宇宙間最偉大的槓桿。只是我們「相信」的能量從小就一點一滴的被摧毀，「不相信」對一般人來說，還更容易一些。如果，「不相信」的信念都可以讓你培養出來了，「相信」可不可以？既然你可以催眠自己，應該也可以反催眠自己，經過不斷地重複以後，你就會改變自己的相信。

「改變自己」這牽涉到潛意識的力量。一個自我價值很低落的人，如果每天對著鏡子把自己的頭髮梳整齊，讓自己看起來神清氣爽，然後對自己說「我是最棒的」、「我是最好的」，每天對著鏡子講二百遍，持續一整年，一整年之後，他整個人的型氣、眼神、說話方式都會不一樣。你做不到是因為，要你每天對著鏡子裡的自己講二百遍，你會覺得自己是瘋子。如果每天講二百遍，持續講上一年，最後的報酬是你可以創業成功當上總裁，你做不做？我很相信你會的。

看到報酬，態度會改變。可是很奇怪，為老闆、為別人努力，你看到報酬態度會改變；一旦當你為自己努力奮進，你會堅持不下去（也不過就是對著鏡子講講話），因為「為自己的努力，報酬是暫時看不見的」，所以很多人就興趣缺缺了。世人都是眼見為憑而且急功近利，所以每一個人都很容易成為被操控的對象。

☆外在世界是你內在的投射

物質界的萬物，都具有能量。但說物質是能量的具體呈現，也只說對一半，事實上能量無處不在，有形無形、可見與否，都有祂的被覆。人的思維具有能量，因此可以將腦袋的「思想」透過創造的行動使之成真。至於如何提升更高的創造力，是許多人想知道的「祕密」。其實這祕密存在於我們的「靈魂深處」，一人一套。

心靈受「愛」、「相信」、「語言」的影響，並以投射的方式來到這世界，變為真實的創造。所以說「外在世界是你內在世界的投射」。

既已知道萬物一切有形無形都是能量，自己的思維也具有能量，那麼，讓自己的思維意念與周圍萬物能量同頻，就能一窺萬物「創造」的關鍵。

第一步就是先「相信」自己是可以與萬物同頻的。畢竟人也是屬於萬物的一部分哪！你一定具有那個頻道，這是你的「標準配備」。調對了思維與意識的頻率，就能達到或是略近於那份與萬物合一的狀態。

而「愛」則是「同頻」後會發生的現象，在這狀態裡，你有可能不明究理的從內心深處湧出源源不絕的愛，感動的淚水讓你哭點降低，甚至一點小事也讓你感動得雞皮疙瘩。

☆老實面對自己的心靈

當你還是個孩子，你不會有「不相信」的概念。這概念是來到這個世界有了被欺騙的經驗之後，你才學會的。第一個會騙你的就是爸爸跟媽媽，我就是那個常被忽悠的孩子：「那個壓歲錢爸爸媽媽幫你存起來。」真的嗎？存起來了？那存摺給我看？（怎麼可能會有存摺！）這是我小時候的經驗。所以父母親常常是第一個撒謊者。

小時候我印象很深刻的是：我小學一年級，妹妹才剛出生沒多久，我放學回家，我媽在炒菜，妹妹在嬰兒床裡哭，我媽就跟我說，哄她一下、哄她一下，「哄」就是「騙」的意思。我於是知道，原來很多事情是可以用「騙」的。

大家都覺得小孩好騙、小孩可欺，於是小孩就學會了欺騙。小孩被騙久了以後，就對人失去了信任、失去了赤子之心。更慘的還在後面，小孩慢慢長大之後，爸媽開始以自己人生的價值觀、是非觀餵養他們，開始灌輸：什麼是好的、什麼是對的、什麼是錯的……讓孩子開始建立二元分別的判斷與是非。我們以為這是對小孩的幫助，教他認識這個世界（確實是教他認識這個世界有多齷齪、卑鄙、骯髒、污穢）。

當過兵的男人都知道，部隊的「裝備檢查」是怎麼一回事。現在可能好一點，我們當時的裝備檢查就真的是為了「檢查」，只做表面工夫，能混得過去就好了，誰管上戰場能不能使用？就算是一個純潔無暇的年輕人到部隊裡，他將學會什麼叫做集體欺騙。等他出社會，他會發現，不只部隊，這整個社會跟他在學校課堂聽見的、書本學來的，完全不一樣，整個社會都在欺騙，這個欺騙從父母開始。然後大家習以為常，只有少部分人適應不良。

如果整個社會都在對大眾欺騙，你周圍的人都戴上面具欺騙你，而你也被迫要融入他們去配合欺騙，要你對自己真實，是多麼的不容易！

「真實」是一門很不簡單的功課，很多人沒辦法老實的面對自己，必須要帶面具才敢看自己。人的內在有多少齷齪、卑鄙、骯髒，自己才知道，但是我們如果不是刻意不看，要不然就是視而不見。寧可當睜眼的瞎子，也不想知道真相，就像鴕鳥把頭埋進沙子一樣。

認識人、了解人，你就可以無所不能。但要「認識人」，前提在於：你必須要先認識自己、了解自己。一個人一旦能夠把自己摸熟、摸透，就能夠對人性摸熟、摸透，所謂知己知彼。透過對自己的了解，你就可以對人性有所知悉，進而了解對方的性格。中間串連的那個東西叫做「同理心」。

但是，要透徹了解自己有一個大前提——誠實，你不能夠帶著面具看自己，也不能夠帶著過度嚴苛、批判的角度看待自己，必須要平實、公正、客觀的對自己有所認識。

☆對內了解自己，對外可以無懼

我也曾經看著鏡中的自己，忽然發現好像自己不認識自己。我當時的想法是：「好，如果這個就是我的身體，如果這就是我的眼神，如果這個眼神透露出的是我內在的靈魂……我不能不認識我自己，我一定要認識他，如果我過去不認識他，我現在就要開始認識他，我要把我自己徹底搞清楚。然後基於人同此心、心同此理的原則，我就一定能夠把同樣是人類的其他人搞定。」就是這麼簡單。

有許多人活的謹小慎微充滿恐懼，啟動靈性可以協助你的關鍵是：幫助你透徹了解你自己，知道你自己是誰，知道你的底線是什麼，知道你的能力、條件、極限在什麼地方，彈性在什麼地方。一旦你對自己有足夠的透徹了解，你的世界將不再受到他人的左右。

以上這是對內，那對外呢？你要開疆闢土、你要征戰沙場、你要拓展生命的維度，最重要的是你要無懼，不能害怕。

啟動靈性幫助你對內了解自己，對外可以無懼。啟動的前提是什麼？來自於真實，你要老老實實。你只有對自己的心靈老老實實，對自己的生命才能有鏗鏘有力的發語權；當你俯仰都光明正大、不用擔心什麼陰暗被別人拿來見縫插針，你對自己會很有自信。

很多人為什麼會對自己沒自信？會有很多的恐懼？因為心裡面的黑暗太多了，

祕密太多了，心裡面不可告人、自己也不敢看的東西太多了，或受過的傷太多了，你自己都不願意去面對，更不願意被別人看見，連親密伴侶和親愛的家人都不知道。在他們面前，你永遠保留著祕密，戴上連自己都不喜歡的面具；最後你習慣了沉默，習慣了無奈，習慣了漠然，習慣了不快樂，只有越來越多的祕密陪伴你。

哪來那麼多祕密！別人真的不知道嗎？問題是，你有注意到，當你的祕密越多，你就越不快樂嗎？

如果藏在心裡面不能見光、不可告人的事或者是自己隱藏的「真面目」越來越多，你就越難以真誠。你對人越難以真誠，就只會越沒自信，不真誠的人沒有發語權，不自信的人連表達都吃力。畏畏縮縮的狀態下，你渴望被聽見、被看見的機會就會少得多。惡性循環的結果，就是更加陷溺在不快樂裡鑽牛角尖。

「看見真相即解脫」，其實只是「有意識到」跟「沒有意識到」的差別，一念天堂、一念地獄。這就是「覺察」。

☆「相信別人」是一種修練

我們在與人接觸時，要用赤子之心保持對人的信任，但不要忘記設下底限。當不能信任的事件已經觸及底限時，就可以決定放手。這樣，你既可以保留赤子之心的真誠信任，又可以適時的保護自己。

或許有人會問：「可是這樣損失已經造成，怎麼辦？」你一定還記得之前提過的：「任何事情都會有價，而老天必報。」吃虧就是占便宜，我們寧可讓別人占便宜，好過我們需要去占人家的便宜。胸襟、氣量就是這樣一點一滴養成。

你坐過計程車嗎？你認識計程車司機嗎？你怎麼確認他會平安的把你送到目的地而不會對你圖謀不軌？你怎麼能夠確定這件事？你就這樣單純的相信了。

你在路上跟人家問過路嗎？你認識他嗎？你熟悉他家嗎？你怎麼能夠確定他跟你報的路，就是你要去的方向而不是隨口亂講的？你怎麼知道？你非得相信他不可嗎？是的！正因為不是，因此他值得你的信任。

活到這個年紀，你會發現，最後會傷害你的，都是你最熟悉的、最信任的人。

相對的，我們也常常有心無心的傷害那些對我們最信任、最有愛的人。有愛就難免會互相傷害，這是因為心靈的距離太近的關係。你以為彼此心靈很靠近就不會傷害嗎？錯！往往傷害更大更深。這不是悲哀，這叫正常。

你被傷害後會大呼「看錯人」、「愛錯人」，不，你沒看錯也沒愛錯，錯不在他也不在你。我不是兩面派，會這麼說是因為，我明白一切的出現只是「發生」與「存在」。

不論東西方，人類歷史上其實都不斷在相同的「人性」上跌倒，使人絆倒的人性不外乎是「貪嗔痴慢疑」、「食財利名權」。所以為什麼「傷害」不能或不該發生？以人類的劣根性來說，折騰環境、折騰彼此是太正常了！所以很多事情不該發生也發生了，而且發生過很多次。

如果你活得夠久，而且真的了解人性，你就會把很多發生的事情看在眼裡、擺在心裡，然後過兩天忘記。慢慢的，你會有一顆由沉澱轉超然的心。這樣當你看著很多事情的發生與存在，心就不會有太大的起伏，慢慢地人就變得豁達。

不能接受的一個很大的原因是：因為心胸不夠寬、視野不夠廣，你看得很近，於是面前狀況就是一堵牆，遮蔽了你的眼，你看不到牆的上方有廣闊的天空，天空外面還有外太空。

傷害人、傷害環境、傷害動物等，這種事情天天都在發生，你不接受的事情天天都在發生，但你無能為力或是你能做得很有限。所以寬心吧！先明白並接受「地球就是個讓愛折騰的人類惡搞的平台」，然後在沉澱中修練自己超然的心，累積實力好改變它——從改變自己開始，至少自己別當那個總是折騰的人。

過去有多少你不接受的事情，當你不平則鳴了以後，驚訝的發現自己的「鳴」有如狗吠火車？改變環境或是人心，這當然是必須要做的事情，但在這之前，你要先願意去增長自己心靈的智慧、訓練自己的頭腦、鍛鍊自己的體格。

☆自律就可以開外掛

大多數人有夢想、有目標，可是不願意一步一腳印的辛苦。大家都想要上天堂，卻沒有人想死；每個人都想考第一，卻不想唸書；每一個人都想當首富，卻不太願意拚命。不願意「盡人事」，這是大多數人的通病。八十／二十法則告訴我們：百分之八十的人很平凡、很普通，懂道理、懂規則可是做出來的不是那麼回事；百分之二十的人會自我要求再自我要求，自律、自律再自律，所以他們的人生可以開外掛。

自律有很多可以自我訓練的方法。行動之前必須要有意願，大多數人不是沒有自律的行動，他們缺乏的是自律的意願。例如每天早上五點半起床，操場跑五圈，很簡單嗎？對賴床的人來說很難啊！其實只不過是五點半起床，又不是去上刀山、下油鍋。五點半起床摺好棉被，吃完少量的早餐，操場慢跑五圈就好。要你做一天兩天可能不難，但每天持續怎麼會這麼難？因為惰性，惰性是人性。

要克服懶惰只有「自律」，不然你讀再多的書、上再多的課、拜再多的神都沒有用。你說這些跟靈性有什麼關係？當然跟靈性都有關係，因為靈性是一種覺性。為什麼會「產生自覺」早起一個小時去跑操場？為什麼一個抽菸抽三十年的人，會忽然決定他不要抽菸了？為什麼每天吃垃圾食物把自己吃到九十幾公斤重的人，會忽然決定他不要再吃這些垃圾食物、開始力行健康的飲食……是什麼東西決定的？

覺性！靈性的啟動始於覺性。

每一個人都與內在神聖的力量有連結，不管你信或不信。也許等你頭腦的力量走到盡頭，人生遭遇跨不過去的坎的時候，你才會相信，可是請你不要等到那個時候才相信。請相信「有一個力量在你之上，而那個力量是與你連結來幫助你的」。你可以現在就先相信，反正你不會有損失。

如果神是宇宙無敵超級電腦，我們就是地面上的小型終端機，跟電腦一樣，只是記憶體和容量可能小了一點，創造的能力有可能小了一點，但是都是能夠創造。至少，用在你這副身體和人生，這部上天賜與的「電腦」已經綽綽有餘。換句話說，我們跟那一位偉大的造物主並沒有兩樣。你就是祂，祂就是你。所以你的內在、你的那顆心，是神聖偉大而不可撼動的存在。

☆勇氣訓練

以前，你的自信很有可能受限於別人對你的評價：你的成績、你的表現、你的業績、你的收入、你的外貌、你的車子、你的房子……你受限於外在的一切，受限於別人的看法，或者是……你自己的看法。也就是說，你過去是被這些外在的、可變動的「虛有存在」，形成你此生到目前為止的標籤，然後你帶著這個標籤行走人生過日子。

接下來的日子還要繼續這樣嗎？如果不想這樣，就去做一件你以前不會做、不敢做的事，但要注意安全。請不要跑去從事以前你不敢做、不會做的極限運動。例如，你很有可能從來沒有爬超過一千公尺的高山，你現在居然報名參加喜馬拉雅山的登山隊；或者你可能有一點怕高，卻居然去報名高空跳傘。雖然那是個大突破，但是你可以循序漸進一步一步來。不要忘記循序漸進，不要忘記彈性。

再舉個例子，如果你過去在愛情的關係裡總是不敢去說出真心話，而現在，請你要敢於去表達你自己，在適合的情境之下，用適當的語言去表達你的真心。很多的關係會出現狀況，常常是因為我們選擇了不恰當的表達方式、不夠圓融的表達方式，結果讓關係越來越緊張。你要逼自己去表達，去溝通，並且不要忘記，要用最適當的語句、最適當的態度，很恰當的去說出你真心要表達的東西。

不管是說出以前你不敢說的話，或是在生活當中選擇一件你過去不會做、不敢做的事，或者是去突破自己恐懼的極限，這些都是勇氣的展現。只要你完成了，請你不要忘記給自己一個小小的獎勵，獎勵你自己。不是叫你大吃大喝，我說的獎勵有可能只是給自己一杯冰淇淋，或者是買一件不算太奢侈的新衣服，總而言之，你可以選擇；或者在吃飯的時候，你可以多點一份雞塊（如果你喜歡吃雞塊的話），只要不過量；或者你可以買一張卡片、買一朵花送給自己。

你一定要對於逼著自己去做一件讓你進步的事情，給予自己適當的鼓勵、適當的獎賞，然後持續不斷地進行內在信念的訓練——前面提到的自我催眠的作法，以及不斷地在外在去突破自我的極限。當你不斷地做這兩件事，漸漸你會發現，你好像變了。下一步，就是去記住你周圍微小的變化。

記住什麼微小的變化？記住所有一切會帶給你快樂的事件，不論大小。記住所有一切給你微笑和善意的人，記住帶給你幫助的人。記住這所有的一切，這會幫助你快樂，而快樂會強化你的正面思考，對於你正在強化的自我信念、自我價值，有巨大的效益。

☆慢慢來比較快

人生很像是在跑步，槍聲一響，我們就往前衝，大部分人都比快的。但也有的人不跑百米，也不跑馬拉松，他在漫步，他不跟你比速度。所以他可以看到路邊的小花，看得到松針上面的露珠，看得見從樹葉縫當中灑下來的陽光，他可以看到白雲有幾種變化，聞得出空氣中的青草香。

每個人都有自己的時程。有人三十歲當上總裁，四十五歲抬去山上種；有人六十歲才登上高峰，活到九十歲。哪一個好？哪一個壞？紐約時間慢台灣十二個小時，紐約退步了嗎？台灣先進了嗎？一切都不要急，只要你方向對，屬於你的終究會來。

你可能偶爾不想為生命承擔些什麼，神依舊履行祂的承諾——愛你。你應該不會忘記，在你生命當中或生活當中，曾經出現過的許許多多你無法理解也無法解釋的神來一筆或是靈光乍現，請問這些神來一筆、靈光乍現，原本在哪裡呢？它不是在虛空當中嗎？不，他原本就存在你心中，你心中本來就有那些力量，只是你過去不知道該怎麼用。我們姑且把那在你心中不知道該怎麼用的力量稱之為「偉大神聖的存在」吧，事實上那就是心神，你的心就是神，心靈的力量就是神的力量，而你，是神的小孩。

有一說「魔鬼都藏在細節裡」，如果你的心是黑暗的，那魔鬼確實藏在細節裡；如果你的心是光明的，在細節裡你也會看見神和天使。當你關注細節朝向正面看，你就會發現，老天給你的支持、給你的愛、給你的鼓勵、給你的包容，其實一直都在。

☆「不落地」的就是問題

我們的頭腦喜歡找問題、創造問題，因為找問題會讓你鑽到問題裡面去，這樣你就會忽略頭腦本身對你的宰制。頭腦一直在控制你，不想放下對你的控制權，所以它會一直創造問題給你。有時候你甚至會發現，有人「用製造問題來逃避問題」。

舉個例子：某個人有跟伴侶溝通的問題，這是實際需要面對跟處理的，但他不想面對，他逃避，逃避到什麼地方去呢？逃避到宗教裡面去，逃避到靈性課程和書籍裡面去。他開始問另外一個問題，他說：「我的人生遭遇到這樣子的伴侶關係，是不是有什麼其他的意義跟目的，到底我人生所為何來？」

你有沒有發現，他用一個看起來更正面、更神聖、更偉大的問題，來逃避他眼下早該跟伴侶面對的「溝通問題」？這就是頭腦所製造出來的煙霧彈。

很遺憾，頭腦會製造很多神聖的假象，所以當你發現你創造出來的問題是「不落地」的、是不能解決現實狀況的，你就要知道，你已經陷入頭腦的迴圈了。

有時候，問題就只是問題，就跟你喝水就是喝水、吃飯就是吃飯、睡覺就是睡覺一樣，並不複雜，是我們的頭腦把它搞得很複雜，用佛家的說法，這叫妄念。

在鏡子前或看照片，很多人盯著自己的眼睛會害怕。都說眼睛是靈魂之窗，如果你認識了自己的靈魂，你找到了內在的信心，我跟你保證，你盯著鏡中自己的眼睛，絕對不會心生恐懼，你甚至還會產生無盡的慈悲、無盡的愛。會有恐懼，完全就是因為我們對自己內在靈魂不夠熟悉、不夠了解，這一份不夠熟悉、不夠了解的原因，來自於我們不夠完整地接受自己。一旦你完整地接受你人生中所有發生過的一切，不論是你愛的、你不愛的，那麼當你看著自己眼睛，你只會看到對自己的愛跟信心。

我衷心的鼓勵不要只是讀，我建議你去做：請暫時拋下你的「看法與評估」，請你不要管「對不對」、「好不好」、「喜不喜歡」，通通不要管，笨笨的接受、笨笨的去做，三個月之後，你看看你會不會有所不同？

☆不怕當笨蛋

很多的觀念本來都是存在的，我們從來不缺標準答案，我們缺的是行動。很多人知道很多觀念卻沒有行動，或是行動了卻半途放棄，變成「思想的巨人，行動的侏儒」。可是偏偏這是一個實體的世界，這是一個作用力跟反作用力的世界，你要出現具體的成果，就必須要有所行動，從來沒有人用語言、用觀念可以創造出他的王國，沒有人可以用嘴巴寫出他的歷史，一切都是行動在說話。

太久以來，我們話說得太多，行動得太少。世界最長的距離就是「從想法到行動」，縮短這個距離的祕訣就是「當你直覺這是對的時，不要想就去做」，請你不要透過頭腦又開始思考、分析、比較、判斷，過去你已經夠依賴你的頭腦了，要不要試試不一樣的方式？暫時放下你的腦袋直接去行動。

其實要有所成就不難，關鍵就只有幾個，而行動是讓成就成型的開始，沒有行動，一切都只是虛幻。

你有沒有發現，那些你覺得很成功、很厲害的人，在他們成為很成功、很厲害的人之前，都不害怕當笨蛋，也不害怕行動？我見過不少各領域很厲害的人，他們都不恥下問，他們都不斷地用行動強化自己，從「量變」達到「質變」，壯大自己的過程裡面，他們從來不害怕當笨蛋。這一份謙卑使他們成為最強大的人。所以，到底是自以為聰明的人聰明，還是「不怕當笨蛋」、「不怕辛苦行動」的人聰明呢？

3 接受的藝術

佛家說的苦有很多種，「求不得」苦是其中一種。如何拿掉「求不得」苦？把「非要怎麼樣」的執著心拿掉就可以了。簡單的說就是「彈性」，可以講究，也可以將就。不再非要一個理想中的情人，不再非要開什麼樣的車、不再非要住什麼樣的地方，不再非要一年出國幾趟、不再非要戶頭有多少錢。人生不能什麼都要的！以佛家的說法，求不得苦來自於執著。把那個執著心拿掉，你就能免去求不得之苦，順風順水的過日子。

還有另外一些苦，像是「愛別離」苦，你很心愛的東西一下子掉了，或者你很心愛的伴侶跟你分手，跟割肉一樣的痛。這種「愛別離」苦，同樣也可以用不執著的概念化解。

比不執著更深一層的功夫是「無分別」，「無分別」是真正的豁達。心中沒有高低、優劣、好壞。也不會喝了一口咖啡說：「這咖啡味道不是我喜歡的。」不會喝了一口茶說：「這茶不是今年的新茶我不喝了。」有分別念的話，你心中會不斷在進行比較、分析、判斷，然後價值分析就跑出來了，好惡心就跑出來了。如此，隨遇而安就會變成遙不可及的理想。我們的腦袋隨時都在進行這樣的「分別」與「分析」，你有注意到嗎？

得到的都是你要的，你當然開心，問題是人生豈能盡如人意？若得到不好的，或眼下出現的被你判斷為不好的、你不喜歡的，你就會痛苦、就會不高興，你的心情總是會被這些外界的事物弄得七上八下的，你怎麼會快樂？你怎麼能平靜？你不能平靜，又要如何去處理「接受」這個議題？

真正的「接受」有兩個法寶，一個是「不執著」，一個是「無分別」。我不再非要怎麼樣不可，既然「不是非要怎麼樣不可」，那眼下「這個」就是對我最好的！一切都是最好的安排！一切的發生都有美意！

有一句邏輯上很弔詭的話：「我只有一個原則，就是我沒有原則。」這句話看似是一個邏輯上的詭辯，但仔細思考的話，其實要講的是彈性。連憲法都可以改了，為什麼你的原則不能改？當年美蘇高峰會上針對足以毀滅世界的核武都可以開啟談判，有什麼原則是不能改的？哪來那麼多硬梆梆的原則？

所以，我只有一個原則，就是我沒有原則。怎麼樣都可以，這是一種「從彈性的練習到豁達的性格」的具體表現。你今天給我咖啡，我喝咖啡，你給我茶，我喝茶，你今天有蘋果汁我喝蘋果汁，有什麼我喝什麼，來什麼我悅納什麼，這就是無分別。

不要忘記，固執和堅持不一樣。堅持是持續前進，甚至可以是迂迴的，固執就是一種定著，一種不變通。而不知變通的往往最後會被淘汰。

☆知足讓你快樂，不知足讓你進步

「我接受我的現狀」跟「我要求我自己追尋更好的、要求我自己進步」，是兩種完全不牴觸的心態。我講的「接受現狀」，很多人會把它簡化成為「知足」來解釋。是的，知足會讓你快樂，但不知足卻會讓你進步。

知足跟不知足就像兩隻腳，你走路一定是兩隻腳一起走，用一隻腳你只能跳。左腳、右腳輪流邁開，你才能前進；知足、不知足交替出現，你才有快樂和進步；身體有呼和吸，你才能活著。宇宙的萬事萬物總是陰陽正反搭配，才能夠圓滿。

太偏向「知足」的人，你一直都處在安逸的狀態之下，你在這個社會是無法獨立生存的，很可能要依賴別人才能過日子，而且你可能做不出任何奉獻。一個太偏向不知足的人，總是不滿現狀，總是要勇於突破，看似奮進不息，卻難以成眠，把自己搞到精神耗弱，周圍的人也跟著很緊張。這兩個極端都不是正常的狀態，都不能夠讓一個人活的快樂。而快樂，是你的天賦人權。

☆平衡的節奏讓你活得自在

你怎麼知道一個人是活的？因為呼吸。看呼吸就知道這個人有沒有活著。一個人能不能只有呼沒有吸？或者只有吸沒有呼？這是不可能的！有一個就要有另一個，除非兩個都沒有！這是宇宙二元的調配，平衡得剛剛好。

我們在這個世界上存活，或者是成就某些事情，「平衡的節奏」很重要。很多人讓自己活的很失衡，多半是這個二元的節奏失衡。你如果呼吸急促，是不是會感覺很不舒服？當一個人要死了，呼出最後一口氣，不再吸就是死了。所以，如果那個節奏不對，通常意味著：要麼不舒服，要麼掛點。

我用呼吸來比喻節奏調配的平衡。你在人世間從事你的工作或開創你的事業，難道不也是這個樣子嗎？在「知足」跟「不知足」這兩個腳步當中穩健前進，你要知道什麼時候放鬆心情、放慢動作，什麼時候你要夙夜匪懈、拚勁十足。

「接受」的另外一個藝術就是：明白了一切外在事物跟自己行為模式的「平衡」。所謂行為模式的平衡，就是你身心靈與思言行都要有一個節奏，並且保持這個節奏的和諧。如果沒有這個和諧，或是完全不處在這種和諧狀態的人，就很容易失衡而亂了腳步，好像活在世界上卻又被這世界遺棄，總是與周圍的人格格不入。

當一個人沒有跟上外在的節奏，又沒有找到自己內在的和諧，無法接受外界，而外界也不接受他，內外交攻之下，身心不失衡也難。那麼，先從「主動接受一切」做起吧！當然，他可以「不接受」我這個建議，但如果只是任性的「不接受」卻不做出任何改變，只會讓不快樂持續下去。解決的辦法是：先讓自己配合，自然會在寧靜的心湖之中找出突破點。

☆沒有無用的東西

你有沒有聽過優美和諧的交響曲？當每一個樂器都按照樂譜發聲，按照節奏演進，一首令人陶醉的美妙樂曲就會觸動你的靈魂和記憶。如果相同的樂器完全不照譜來，一人一把號，各吹各的調，那麼有人的耳朵就要受罪了，包括演奏者自己。

你的人生必須要有很清楚的「生命節奏」，我說的不是像樂譜那樣的生命藍圖，沒那麼複雜。我喜歡把複雜的事簡單化，我要說的只是：你得要「很有意識」的知道你想要有一個怎樣的人生？然後帶著清晰的意識「預見」中間的過程、困難、挑戰，以及你要應對的心理準備與態度，並且去規劃出會讓你和諧又平衡的「生活之道」。這個生活之道就是你的節奏。你會據此決定，是要當一個夜間工作者或是鎮日埋首寫作的人，是要成為一名虔誠的信徒還是瘋狂的科學家。

做什麼、什麼時候做以及怎麼做，會被你清晰的安排出來。在清楚的節奏之下，經過一定時日，你自然會找到平衡之道。每個人的節奏都不同，在找到自己的節奏前，要先弄清楚自己的優缺點、長短處、習氣、慣性、價值觀、制約、信念，這些就像是一個交響樂團的各種樂器。「樂器」只是一種存在，並沒有好壞。你要做的是讓這些「存在」在對的時機各自發聲。

是的，就算是被稱為「負面」的性格和習慣，其實也是有可用之處。「假如你只有雞屎，那就賣肥料」，即便是「負面」的性格和習慣，也都是可以用的「資源」，你的工作是把一切你擁有的這些資源「接納之後應用」，並且讓它在你生命中被平衡。

從來沒有無用的東西，即便是「負面」的。交響樂團中可沒有哪個樂器是「不該」存在的。很多人不明白生命中沒有「不該」出現的，所有的發生都有其意義並有助於我。相較之下，人們更常表達「不要」、「不接受」，這是因為，我們對於自己「不想要什麼」往往比「想要什麼」更明確。

☆隨遇而安的方法

我們都是地球的一份子，如果用更大的宇宙格局來看，我們的太陽系是處在銀河系裡面，一個銀河系裡面有有幾億個太陽系，而整個宇宙裡面有幾千億個銀河系，地球就好像是宇宙裡面的一顆奈米泡泡，而我們人類居住在地球裡面。這個宇宙奈米泡泡對人類來講，已經是夠巨大了，然後我們在這個小泡泡裡面像浮游生物一樣過一生。

不管今天我們是在健身房、走在馬路上或坐在辦公室，都在這個宇宙奈米小泡泡裡面活動。請問如果你是一個巨大無比的身軀在觀察這個小泡泡裡面的「我」，你會覺得我不屬於這個泡泡嗎？我就在這泡泡裡面移動，不管我是上班族、老闆族或自由工作族……只有被泡泡迷惑的人才會覺得，泡泡裡面的事情是宇宙無敵的大事。一旦你注意到宇宙的浩瀚，就能把自己看小；能把自己看小，自然而然隨遇而安。

好，不談宇宙，太遙遠了！談台灣第一高樓一〇一吧！走到一〇一大樓往上一看，哇！簡直高聳入天！那是因為你在地面上看它，它當然高聳入天了。如果你坐在飛機上看，高度不一樣，再看一〇一大樓，就像火柴棒一樣了！這是眼界與格局的擴大。一旦擴大眼界與格局，視野廣了，知道得多了，你自然會計較的少了。

佛陀當年坐在菩提樹下，閉上眼，祂看到三千大千世界和萬方佛土，於是就知道了「慈悲」。隨遇而安的生活態度是對自己最大的慈悲，不折騰自己也放過別人。你說：「隨遇而安是有修練的人才能做得到。我只是凡人！」不是的，你只需要「願意」就可以。任何時候你只要願意，都可以讓自己擁有隨遇而安的自在豁達！

☆用拆禮物的心態面對未來

對很多人來說，夢想是未來的東西。很多人喜歡探索未來，我說無須探索未來，去創造未來！這樣夢想和未來就在你的手上。

如果今天有神站在你面前告訴你，下個月你會中樂透，這樣你就沒有期待了！你或許會得到很多錢，但就只是「得到」而已，但是那個無價的興奮感不會出現。

金錢滿足的快感很短暫，但讓夢想實現的快感比嗎啡還強烈。為什麼老天要把未來的事情封印住不讓你看？因為不知道未來會發生什麼事，你才會充滿了驚喜，為了這個驚喜，你願意努力，你願意奮力拚搏。

生命喜歡帶給你驚喜。我們送人的禮物要包起來，這樣對方在拆禮物時才有驚喜感，未來的封印就是一種拆禮物的心態。所以，預先知道很多未來的事情不是一件好事。

如果你來問我未來的事，我只會告訴你：你會老、會生病、會死，一定準！知道這些也就夠了，哪裡還需要算？可是為什麼你知道你會老，現在卻不擔心？你知道你會生病，你除了買保險之外，你也不擔心；你知道你會死，你除了知道殯儀館在哪裡之外，你也不擔心。為什麼？因為你現在還活著，你的生命現在是進行式。

你還有很多事情要做，差別在於你是用什麼心態做，你是用「我逼不得已、我被迫、我生不如死、我痛苦地做」，還是「我開心、我豁達、我接受、我悅納、我喜悅、我爽……」。一樣都是做，一樣都是二十四小時的一天，就看你用什麼樣的態度面對。

看在這個「希望你富裕快樂」的老天的份上，正面積極一點吧！遲早你會如願以償的。但有些人做事或上班的態度是「多做多錯，少做少錯，不做就不會錯」、「多一事不如少一事」，五點半下班，他四點已經在收拾東西了。那是價值觀的問題，價值觀沒有對錯，只有適合與否；他喜歡當三等公民等下班、等放假、等退休，你能說他錯嗎？有人的夢想就是耍廢，最好是廢到錢多事少離家近，數錢數到手抽筋……他開心就好，我做好我的，我們沒有必要針對別人去批評。但是千千萬萬要有同理心。

☆二元可以不對立

我很愛讀歷史書籍，古代那些朝廷的宦官禍亂朝綱、迷惑皇帝、貪贓受賄……我對這些所謂的奸臣小人也是有同理心的。幾百年後的史書說他們是奸佞小人，在當代也不乏有人說他們是奸佞小人，他們自己難道不知道嗎？盜亦有道，他也可以說出自己的一套：「我為什麼要這麼做？為什麼迷惑皇帝、為什麼要亂政？為什麼要貪污受賄？我有我的原因，我有我的理由，我有我的……」你真讓他說，他也能夠說出一大篇。

所有的對立，只是你沒有站在對方的立場去同理他。如果你真的站在對方立場去同理他，你會發現，只有立場，沒有對跟錯。《笑傲江湖》電影裡說「有人就有是非，有是非就有江湖」，其實江湖不是是非堆出來的，是立場，立場的不同造成視角的不同，於是就有了是非好壞。

請問該服務國家還是服務信念？請問該維護法制還是維護人權？請問是信仰自由還是信仰金錢？事實上人類歷史以來每一場戰爭，不論是侵略者或是抵抗者，都會各自宣稱「這是一場偉大的聖戰」，每一個人、每一個國家站在自己的立場，都會認為自己是對的、是正義的一方，然後把魔鬼的角色派給了對方。只是，你的角度是誰的正義？對錯又是誰的是非？我們人累積到一定的生命經驗會發現，這世界上很多東西沒有絕對的對錯。

舉例來說，在台灣，民眾持有槍枝是違法的。真的嗎？你知道台灣有發槍枝的執照嗎？原住民可以擁有獵槍，實彈射擊的靶場還有打靶用的槍枝，都是合法有執照的，只能在靶場使用。可見我們所知道的「違法」、「錯」，都是有彈性、有但書的。違法與否、對跟錯，是看在什麼地方、什麼時間、什麼情況來決定的。所以對跟錯的界限有時候不是那麼的絕對，不是那麼扁平單一可以一刀切開的。

當我們用二元是非對錯的刀去切的時候，你往往會發現很多讓人疑惑的模糊地帶，衍生很多討論空間，最後會讓你發現更多的彈性。因為「一刀一刀的切永遠切不盡」，宇宙已經設定好，當你用二元的方式去「切」，永遠都有更多可以讓你發現的。

☆允許敵人存在

不要再用是非對錯論斷了！有道理不一定是對的，對的事情不一定有道理。接納吧！接納那些你不同意的，接納那些你不喜歡的，接納那些讓你痛苦的，接納你自己還不接納的。否則的話，「世界上不能有其他人種」的信念就可能再次出現。而偏狹的價值觀和民族主義，將會使充滿人類文明的地球永無寧日。

我們不是上帝，如果上帝都允許某些人事物的存在，憑什麼他們要不被接納不被同理？

你不同理的對象如果碰巧是你在商場上的競爭對手，那就是意義上的敵人，職場上也是如此。這些「敵人」可能暗地裡面使絆子、攻擊你、批判你。看著這些行為，對你而言，他們已經不是意義上的敵人，而是根本上的敵人！於是你恨不得他消失、他離職、他倒閉。但是回過頭來想，如果這些你眼中視之為敵人的人，上帝都允許他活著，上帝都允許他存在，上帝都給他一口飯吃、讓他呼吸，你為什麼想要他死掉、想要他消失？因為你器量狹窄，因為你沒有彈性，因為你不接受？如果你接受了，就算有人打你左臉，你也會願意迎上右臉。

其實面對這些「敵人」，你還可以有另一種選擇。你可以選擇離開。沒有任何一個人需要強迫自己停留在一個殘害自己身心靈的環境，不管那是一個職場、婚姻、家庭或是任何一個處所。

如果你逼自己停留在那個地方，那你必須要檢視一下自己的內心狀態，為什麼你寧可忍受這樣子的不堪、這樣的凌虐、這樣的惡待也不願意脫離？會不會是熟悉的魔鬼比陌生的神明更可親？如果是因為待遇很好，那麼你得到的只是錢而已，除此你什麼都沒有，沒有尊嚴、沒有健康、沒有快樂，沒有成就感……你以為錢可以買到快樂，偏偏錢不是快樂的保證書，「窮到只剩下錢」這樣的人生有意義嗎？

☆穿越比較與計較

靈性知識教你「不要比較」，像是要你執行一個不可能的任務。活在二元世界的你，只要有人相、我相，就一定會比較。這其實無可厚非，只是當你明確的發現你「實在做不到」後，又因為如此，開始自責自己的無能無力，這時候，靈性的知識就變成了擊潰你的魔咒。

接受你就是會比較吧！然後告訴自己：「我決定要跟某人比較，他現在已經是Top了嗎？如果不是，有人是嗎？我有什麼方法可以超越他？」各位，我不是鼓吹「比較與計較」，我是說，既然你拿不掉，那就找出這個人性中對你有力和有利的部分，去讓自己更卓越。

任何心態都可以有正面的應用和負面的操作，你怎麼選擇而已。太多時候，我們都為自己選擇了一個不太恰當的「問句」，恰當的問句可以當作步步高升的踏腳石。一個有智慧的人不是不會遇到諸般問題，而是他曉得怎樣透過更有力量的「內在問答」去解決外部問題，因為常常那個「問題」就是自己。

緊隨比較和計較的是「忌妒」。跟比較與計較一樣，只要你還有一點自尊心和上進心，你一定會忌妒。之所以會「忌妒」，其實只不過是一種「覺得自己不夠好」的投射。但若任憑這心中的情緒加壓，就會失去了「讓自己真的更好」的可能。

所以，上帝安排這個人性的可能，是因為「忌妒」是刺激你進步以及發現自己不足之處、找到激發潛能的方式之一。問題是，很多人誤用了忌妒，拿來攻擊、謾罵。攻擊謾罵是最簡單的，也是最無用的。除了讓你更討厭自己、讓自己的精神能量消耗殆盡、永遠居於下風更顯自卑，可以說一無是處。

注意到自己忌妒，這是好事，它讓你更明白了吸引你的是什麼，而你忌妒的對象則提供了一個清晰的目標。只要你不讓忌妒失控，它可以帶你成就你要的，如果你還能堅持很久，你甚至能超越原本忌妒的對象。

如果你很忌妒某人，那就用力忌妒吧！忌妒到你火力全開、全速前進，忌妒到天荒地老、開心就好。就算你在過程中不會快樂，好歹你創造了全新的自己。最後你可能會在回頭望望時，感謝那個讓你忌妒到要死的人。不然，你可能會變成只會抱怨的受害者，當一輩子的魯蛇。好吧！魯蛇也可以變有力的蟒蛇，如果哪天連抱怨都被自己嫌膩，連當受害者都討不到抱抱，就是「蛇蛻」的開始。

☆轉念引導就是創造

「接受」的關鍵是「我不要再為此受苦」，我已經為此受苦太久了，我要終止這個苦。此時情緒都是不好的嗎？不一定。

悲傷、沮喪、痛苦、憂慮、委屈、工作的壓力、情緒的壓抑，這些看似無形無相，但其實都會在身體裡面造成影響。但任何事情會存在，一定有它的意義跟價值，重點是你要去運用這個所謂的苦。

就好像我在前面講的我自己家庭的例子，裡面我運用了那個負面情緒，把它變成一個對我有幫助的、有力量、有利益的結果。怎麼做呢？我主動介入了這個情緒，主導它，並且賦予這個情緒一個新的意義，把它引導到一個相對是光明、喜悅、希望的方向。這是一種心靈的創造力。

大多數人如果不具備這樣的能力或不具備這個認知過程，他可能就被情緒牽著走，想抓狂的時候，不管周圍是誰，就抓狂了；不管是什麼樣的環境、場合，他想說就說，口無遮攔。這樣的人，不能說他是有自主意識的人，他是被環境和情緒牽著鼻子走的。如果一個人連他自己的情緒都控制不了，他能控制什麼？人類是群居的動物，控制情緒是一個人群居的基本能力，如果連這個都做不到，總是說「我個性就是這樣」的人，遲早會被淘汰，因為他像恐龍一樣無法適應外在環境，只固著在自己的個性當中。

一個沒有辦法掌控情緒的人，不只很難掌控自己的人生，也很難在人生有什麼大突破。他很可能一遇到挫折、沮喪、憤怒、憂愁，就喝酒，因為情緒沒地方發洩，只好藉酒澆愁、喝的爛醉如泥，到最後酒精中毒，每天醒來就找酒喝。人生過到這樣，就算廢了。

這樣的人生為什麼廢？是因為酒嗎？不！是因為他內在的這些心靈的垃圾丟不掉，他不會轉念，也不會去為這些「逆境」發想出扭轉的創造力，他無法把這些生命當中的痛苦、悲傷、憤怒、挫折，有意識的引導到對他有利、對他有幫助的地方。他會藉酒澆愁，然後說：「千錯萬錯都是別人的錯，老子我沒錯。」這樣的人怎麼成功？老天不會讓這樣的人成功，這樣的人就算成功，也是很可怕的人，如果當上皇帝當家作主，那絕對是昏君、暴君。

☆把結果交給老天

知足會帶來的好處是幫助你快樂，不知足會帶來的好處是幫助你進步。好比桌上有半杯咖啡，一個知足的人會想著「我還有」半杯咖啡；不知足的人就會想著「我只剩」半杯咖啡。桌上的半杯咖啡沒有變，但是視角和心態變了，於是心境就不一樣了。其實這兩種心態都沒有對錯，你總是可以選擇對你最適用的價值觀。當知足者的目光聚焦在「還有」上，他的世界就不再那麼急火攻心。

有人可能會問：「如果我這個月只賺五千塊，雖然我知足，但五千塊可以『滿足』的，還是很糟糕的生活品質啊！」我的回答是：「那個糟糕的生活品質是苦，但因為很知足，所以這個苦在心靈的面向就減輕了。」聽起來這個回答很避重就輕？是的，因為在這個情況下，那個人需要的是多一點「不知足」的行動力，讓自己增加收入，脫離糟糕的生活品質。

不知足當然也是會苦。假設上個月我的業績一百萬，這個月我業績目標是兩百萬，要加兩倍的工作量，要拜訪兩倍的客戶，我每天時間都不夠用了，還沒時間睡覺，很辛苦啊！所以，知足或不知足，要看你的價值觀裡重要的是什麼？你的夢想是什麼？

我們又回到了「夢想」。你到底要什麼？大多數的夢想都沒辦法立刻顯現，沒辦法一蹴可及的。在我們二元世界，實現一件事情必定會有時間差，這個時間就是「耐性養成」的時間。

夢想的實踐是有過程的，結果不會那麼快顯現。這中間過程怎麼調適？你是要很積極，還是要很心急？你是要很積極的每天抱著希望做事，還是要很心急地在那邊抱怨？然後又發現事情進展很有限，更加焦躁……哪一個快樂？哪一個不快樂？

心急跟積極，大多數人是兩個都有。失敗者往往都是急性子，而成功的那個人明白事情都有進程，萬事萬物都有定時，只會積極的去完成眼前該做的工作。所以成功者會很認真的去「盡人事」，很積極的把屬於自己的責任百分之百盡了，對於那些責任以外的事情——像是結果，就交給老天來決定，他從不去擔心。

人活著很單純，不過就是「盡人事、聽天命」而已。很多人往往是「人事」還沒盡，就開始「聽天命」了，不算負責也不夠積極。

一個人如果百分之百把他該盡的責任做到了、做到好、不拖延，至於「結果」他全然交托給老天，由於責任已盡，內心不忮不求，對一切的結果不盈於懷，這才是真努力、真豁達，這才是真正的積極。只知道埋頭努力，卻沒有豁達的心態，充滿得失心的狀態，又要怎樣心理平衡呢？失衡的心靈和成功的人生毫無關係啊！

☆彈性才不失大圓滿

有一種人「嚴以律己，寬以待人」，另一種人「寬以律己，嚴以待人」。人是很多面向的，我其實並不贊成用這樣的二分法去分析，因為這對於識人沒有幫助。我們活在三度空間中，卻把人性壓縮成太過扁平的二元論，沒有人總是「寬」或總是「嚴」的，而且這二者是兩個極端。你對自己也有時候寬有時候嚴不是嗎？對人時寬時嚴不也是正常的嗎？當你能夠走在中道上，既不寬又不嚴，修行的路就被你拓寬了。

舉個「中道表達」的例子：假設我是某家店的老闆，店員會為我煮咖啡。我每次都是喝冰咖啡而且有偏好的豆子。有一天來了一個新店員，他第一次為我煮咖啡，用錯了豆子，我喝了一口，於是大吼：「這咖啡誰泡的？店長你沒有交代是不是……」這就是嚴以待人（嚴厲）。好大的官威！一杯咖啡不合口味，就可以指著別人的鼻子罵事？成熟的老闆會這樣說：「今天這咖啡味道不太一樣喔！這咖啡是你泡的嗎？你是不是上禮拜才來報到？還不熟悉對不對？來，你跟店長討論一下，他對這家店的細節比較清楚，可以請店長協助你。」請問那個新員工聽了會不會不舒服？想必不會。這是一個煮咖啡的例子，同樣的一件事有很多種表達方式，你會選擇哪一種？皆大歡喜的還是唯我獨尊的？

有人可能會說，至少「嚴厲」的那個說法比較真實，後面這種說法好假。我不能說你錯，但也不對。圓滿既然稱為圓滿，當中必定有真實，只是當我們只求真實，就會只有一角而失去了大圓滿。

你能不能夠選擇一種讓自己心情是平靜的、別人也舒服的表達方式？為什麼一定要從「寬」或是從「嚴」呢？為什麼不能夠「適當」或是「恰當」呢？嚴以律己也不總是對的，有些地方可以嚴以律己，有些地方不需要對自己那麼嚴格，也需要放鬆不是嗎？所以該放鬆的時候要放鬆，該嚴格的時候要嚴格以對。那什麼事情該放鬆、什麼事情該嚴格要求，每個人不一樣，所以才會用看起來很空泛的那兩個字「恰當」來表示。

所謂恰當是什麼？只有自己知道，只有自己按照當下的情況來做出判斷和選擇。有「恰當」就會有彈性，有彈性就能找到平衡之道，靈性在生活當中，修持的就是這個東西。

4 專注的祕密

我在成為作者之前，日子過得很慘，後來在一家泡沫紅茶店打工，時薪八十五塊，很低的鐘點費，但是因為當時的我實在是很窮，又走投無路，八十五塊時薪對我當時來說，是一筆重要的穩定收入。

我每天很認真工作，一天上班十幾個小時，一整個月都沒休假。我會這麼認真的做，是因為我跟自己講一句話，我說：「我謝明杰不是為這八十五塊時薪做事，我是為了我內在的價值觀在做事，而我自認我一小時值八千五百元。」既然我內在是一小時八千五百塊的價值，那我就要拿出值得每小時八千五百塊錢的工作態度在這個工作上。看起來我好笨，對不對？

老闆當然很高興。他拍著我的肩膀跟我講說，小謝，你來當店長。我店長也幹得有聲有色，他跟我說：「好好幹，年底分紅你就知道。」到了年底的分紅，我果然知道──他騙我！他拿了一個紅包給我，拍拍我的肩膀說：「小謝，今年業績不好，這個是我一點心意，體諒體諒。」我打開一看，五千塊。

我辛苦勞累，用八千五百塊的工作態度做了一整年，我得到一個五千塊新台幣的紅包。嘔不嘔？怨不怨？其實我哪裡會不知道業績好不好，帳都是我在記的。老闆嗜賭，每天都在店裡的地下室賭錢，賭輸了當然沒錢付員工的年終。我有被騙的感覺……怎麼做？我不需要逼自己待在虧待我或是壓榨我的地方。於是，我就提離職走人。

沒多久，我就遭逢了經濟上的極度困境，排山倒海、接二連三的財務問題，在一個月內都來了，於是才有了《老神再在》這本書的開始。

是不是因禍而得福？沒有《老神再在》這本書，沒有現在的我。老天有沒有把當時我的付出還給我？不但有，還加倍啊！我經常說，我現在得到的，遠超過我應得的。如果當時我的老闆兌現承諾，時至今日，你很可能會看見在泡沫紅茶店裡跑堂招呼客人的我。

大多數人可能覺得，無條件相信別人是笨蛋，或者像是一個無知的小孩，一點都不世故，很容易被傷害、被欺騙。其實，這是在人類工商業大為發展之下得來的「共識」。但我要提供一個關於相信的價值思維，那就是「你不會得到你想要的，你會得到你相信的」。

當你相信你會受到傷害，你就會防備，就會不真誠。當你帶著不真誠的防備心態時，你會吸引到什麼樣的人？對了！就是和你一樣狀態的人。因為人家也可以察覺出你的不真誠和防備。事實上，真正的笨蛋是那個只活在自己感覺裡的人。

很多人寧可相信自己會倒楣，也不願相信幸運之神的眷顧。

你若相信你會達到目標，你其實就已經先訂出了一個標的在前面。目標在，路徑就會出現——踏都給你踏出來。因為你先「相信」了這個目標，所以路徑必然出現。

「相信」是發送到老天那邊去的回力鏢，早晚飛回來。老天是看到你無條件的相信，看到你的真誠，看到你的努力，也看到你的慈悲，因此福報早晚回到你這邊來。

但很多人付出的真誠與慈悲常常打水漂啊！「真布施不怕假和尚」，現在看起來你好像被騙了一百塊，但是當福報回來，不見得是用錢的方式，有可能是幫你掃掉什麼災、擋住什麼難，諸如此類的。

世人不明白因果，因果是不會立刻顯現的；因果如果是立刻顯現，在他傷害你的同時，他也立刻受傷，那這世界就太平了，絕對不會有人想要傷害別人。但是偏偏「因果不是立即顯現的」，老天有老天的意思，老天要你慢慢去悟到這個因果的緣由，所以老天不會讓因果立即顯現。

我們要去明白因果的另一個面向是：你今天因為相信而做出的奉獻、慈悲、付出，在表面上看來，好像沒得到什麼，而失望、傷害和損失卻在生活中繼續發生；老天不是不給你應得的報償，祂只是跟你說「Wait」，祂最後總要連本帶利報償給你。所以這些失望、傷害、損失都是有價的，忍耐有價、被騙有價、屈辱有價、霸凌有價……

所謂「有價」就是：老天必定會回饋給你，在什麼時候、用什麼方式，你不會知道的，但總會回來，一定會回來，這個就是最根本的相信。

☆沒有理所當然

「很少注意也沒什麼感覺」就是一種「理所當然」的狀態。凡事都認為理所當然的人，是不會見到奇蹟的。

其實換個視角，我們身邊到處是奇蹟。像是：太陽系別的星球一滴水都沒有，地球上居然有水耶；地球上居然會有每一天升起落下的太陽，而且溫度剛剛好耶；太陽和月亮的大小以及和地球的距離差距太大，但他們在天上看起來卻是一樣大的……諸如此類，只要你用心，周遭有太多令人驚異的事情了。

我們平常看日出、看氣候，身在地球豐富又多變的環境中，都不覺得那是什麼了不得的；放到其他星球來看，地球有這樣的一個環境，根本就是一個大奇蹟，可是活在這星球裡的人，只覺得一切理所當然。當你理解「凡事都沒有理所當然」，你就會產生讚美、感恩還有愛。

「理所當然」的存在要斷捨很痛苦，當你「愛得很深很堅固」、「絕對不能沒有的東西」要跟你斷捨，你更痛苦（那可能是一個你很鍾愛的物件，也可能是跟你有很深厚感情的人，或者是一個熟悉的地方）。因為你有情感，你的情感會投射在物件、地方或人的身上，加上歲月的影響，你慢慢習慣了。有了愛再加上習慣，當一下子那個東西要跟你分開的時候，你就產生了「愛別離」的苦。佛家講成住壞空，一切的一切有一天都是要空的，你明明知道，但都只是知道，卻沒有入心。當「空」的時刻到來，我們一個個都措手不及。

人們有各種煩惱、各種痛苦，人生當中巨大的痛苦和創傷，說來說去都不脫那幾樣，當心過不去的時候，我會用一個問題來問自己——「一百年後，這個問題還重要嗎？」

☆失去反而得到更多

我有一個朋友住在花蓮，做木工操作機器不慎，右手就這樣不見了，那一年他才十六歲。這件事大大的影響他的未來。右手沒了，未來怎麼辦？才十六歲就成了殘缺人士，未來有哪個女生會願意嫁給他……他越想越痛苦，頭腦裡有很多可怕的想像。他茫然地喝酒，十數年的時間，都在痛苦當中載浮載沉。一段時間後，他發現這樣下去不行，會把自己毀掉，他要自救。那年代也沒有心靈老師，於是他開始徒步環島流浪。當他流浪到花蓮的一個海邊，大概是上天的召喚，他感覺這個地方要他留下來，於是他聆聽內心的聲音。

海邊有個破舊的房子，他很順利的租了下來。接著他就開始用漂流木做創作，後來做皮雕，漸漸的成為一個很有特色和才華的藝術家。因為他沒有右手，他的朋友幫他做了很多「右手義肢」，有虎克船長鉤子「手」，有可以切肉的藍波刀「手」，有叉子「手」、湯匙「手」……這些「手」讓他甚至比正常人可以完成更多更細緻的事。因為沒有了右手才引領他走上創作這條路，雖然他沒有右手，但是他可以用的「手」更多了。

關鍵不在你失去了什麼，是你怎麼運用那個失去；關鍵不是發生什麼，是你怎麼解釋那個發生。任何事件的發生都有它的意義和可用之處，而找出它的意義和發現它的用處的人只有你。所以，真的有命運嗎？真的有敵人嗎？還是一切都是自己的心決定？真的有人要跟你過不去嗎？還是自己跟自己過不去？

不要再埋怨命運，做點什麼開創命運吧！

「失敗都是政府害的、父母害的、家庭害的、老闆害的、職場害的、命運害的」，你可能會這樣想，但真相確實是這樣嗎？這樣想的人，我就不給你面子直說了：那真的只是你的一個理由跟藉口，而且這個理由跟藉口很爛。你不願意自我承擔，不願意學習和付出努力行動，或是你根本就懶。張口閉口說「都不是我的問題」，這麼做太容易了，這個選擇太方便了，人生有誰能夠只挑容易的路？難道你是巨嬰嗎？

☆事上修、心上練

你理所當然的擁有一個身體，也總是隨心所欲地使用他。你以為他是你，其實他有自己的意志，歸不歸你管，得看你怎麼管好你的心。他總是很老實的反映出實際的情況，遠比你所依賴的那顆充滿「他人教導和意見」的腦袋忠實可靠。

如果沒有身體的佐證——「體驗」，一個道理對你而言就是一個謊言。因為別人證悟到的真理，只是他自己的真理，而不是你的真理。他的解藥對你可能無效，也可能是毒藥。你的真理得去「事上修」、「心上練」。這說明了行動、面對、承擔、負責的態度之必要。

很多人知識、觀念都齊備，誰來說，他都點頭微笑說「我知道」，實際上卻做不到。沒有行動的信念是死的信念，沒有行動的知識等於無知。知行合一的前提是「內心沒有矛盾」，要解決內心的矛盾很簡單：「衝突」。接受各種生活上、事業上、人際上的磨練衝撞，滾過火海刀山，直到磨平心中的稜角，直到化解內在的矛盾。

這是為什麼「吃苦」在人生中有其必要的原因。但不要忘記，人生的目的不是吃苦，可以趁年輕吃上一陣子苦，要是總一直吃苦轉不開，那肯定是內在信念出問題。

☆練習面對辛苦

人生既然都一定要有風浪、一定要有考驗，你要早接受考驗，還是晚接受考驗來得好？你是十八歲接受考驗，還是等八十歲再來接受考驗？如果人生一定要吃的苦有一百件，你要趁著年輕的生命全部承擔下來。我都跟老天爺講，拜託讓我在三十歲以前把這些苦都經歷完，不要到我八十歲的時候才來考驗我。脫離舒適圈進入一個不舒適的環境去接受磨練，這樣的事情要趁年輕的時候做，有些事情年輕的時候不做，以後你也不會做了。就像電影《練習曲》海報上印的標語。

如果你跟老天爺說：「我不要受苦，不管十八歲或是到八十歲都不要。我要人生安穩順利。」這時候，老天就不講話了，祂會很慈悲的：「你都不要？那幫你延一延吧。」因此你的逃避會有效的。你不要結婚？你不要談戀愛？於是在六十歲的時候可能被人騙光積蓄跟財產；你不要工作？你住在家中啃老，於是你在中年以後才發現自己一無所長、無依無靠。

環境的千錘百鍊會讓你銅皮鐵骨、百毒不侵，最後讓你出類拔萃，有別於溫室的花朵。你不接受、不願意，你逃避，最後你還是要面對那些「辛苦」。逃避的舒適感會帶來眼前的小快樂，小快樂會帶來後面的大痛苦。

「面對辛苦不逃避」這件事情，做得到和做不到的差異只在你的信念。當你相信：「我一定可以通過！」信著信著最後就真的過了。你如果一直告訴自己：「我撐不下去，撐不下去了！」真的很快你就撐不下去了。你永遠都可以心想事成！

如果你知道你的未來都是決定在你的金口，你要怎麼跟自己說話？就像催眠一樣，你只需要不斷地給自己正面的暗示。很多人每天重複說著負面的話暗示自己，最後就變成一個很負面的人，負面循環的結果就是：每一天他周遭都充斥著「很不順利」和「倒楣」的事情。「運氣」的好壞是決定在自己身上，管好你的思想和嘴皮，最後你就會知道「性格決定命運」這句話有多正確。

☆突破恐懼，增加生命可能性

我怕蛇，所以我養蛇。有一次我去一個賣爬蟲動物的寵物店，櫥窗裡面有一隻好漂亮的蟒蛇，牠是一隻花紋非常漂亮的非洲紅尾蟒，店家就把牠拿出來，盒子一打開，牠就衝出來往我脖子上咬一口，當場血流如注。我跟店家講，我這輩子沒有被蛇咬過，第一次被咬就是被這傢伙咬的，看來與牠緣分不淺，我決定養了！後來牠跟我感情很好，還會撒嬌。

我很怕很深的海，特別是那種艷陽天之下深藍色的海，像是深不見底。我很怕深不見底的水，於是我去學潛水。當我戴著呼吸面罩、氧氣筒，我潛不下去，呼吸沒辦法調過來，我在水面花了十分鐘才能潛下去。潛下去之後我發現，好自由、好舒暢、海底好遼闊，我覺得我又突破了。

我也很怕高，我去尼泊爾玩飛行傘。我很記得教練跟我說：「If I run, you run.」當時我根本是恍神，不知道他在說什麼，三十秒以後他說 run，我就跟著跑。

我一定是瘋了！他帶著我往懸崖衝！等到我意識到的時候，我已經飛在天上了。我才跨了三步，第三步已經跨出懸崖，我意識到的時候，已經在一千七百呎的高空了！我坐在椅子上，椅子上就綁幾條細細的繩子，周圍什麼都沒有！

教練在我後面拿著一個桿子在拍照，我嚇傻了！我居然在空中漂浮！我在喜馬拉雅山山群旁邊一千七百呎的高空上漂浮！老鷹就在我的旁邊飛，我還可以看到牠腳上的鱗片，我的視野就是老鷹的視野，我的心臟跳得超快，不可置信！

一旦你突破了那個界限，也就突破了你的恐懼，你會發現，你生命的可能性就增加了許多。教練在我背後問我說：「Are you okay? Are you ready?」我還來不及想

ready 什麼，他就以傘為圓心開始繞圈圈，一直繞十五分鐘。我當時的心臟應該已經塞住食道、胃快翻出來了，那是考驗體力跟內心的恐懼的時刻。我落地之後，整整四個小時說不出一句話來。然而四個小時之後，我說的第一句話是——我還要再玩！

當你全神貫注時，也是最消耗能量的時候，不管你正在全神貫注什麼。像是開車，你不過坐在那裡腳踩踏板、手握方向盤，這能消耗多少體力？長途開車為什麼很容易累，是因為駕駛時全神貫注。那麼你想像一下，如果你全神貫注在「恐懼」、「擔憂」上，會怎麼樣？

真正能夠修練到無懼，是很不容易的。真正恐懼過的人，他才能突破恐懼，才能夠做到無懼，否則不過是初生之犢不畏虎。沒有失敗過的人不能叫成功，沒有失敗過的人的成功，那是僥倖，而僥倖不是可以依賴的。

遇到漲潮時，所有船都會浮起來。不同的是，有能力的人會知道，什麼時候要退潮；更有能力的人他會知道，什麼時候要加引擎。所以退潮的時候，有人擱淺了，有人繼續前進。大環境好的時候，大家跟著好，但那不是本事。真正的本事是潮水退了，他還能夠全身而退。潮水就是「勢」，但你同時也要有「本事」，否則一旦下水之後，就很可能會「出事」。

☆感謝人助，願意自助

我有一個很長的名單，就是這十年來我該感謝的人。要經常做這樣的事情，如果你跌倒的時候就已經學會感謝，那你爬起來的速度會很快，因為感謝具有很大的力量。

你為什麼該感謝？只有一個理由：人家沒有一定要幫你，但人家幫了。人性的其中一個特性是：你給他十個饅頭他不會記得，但你給他一個拳頭他一定記一輩子。雖然這是人性，但我們不可以做這樣的人。十個饅頭你要記，拳頭你要忘，這樣你才能超越，成為非凡的人。

你總是記得某人給你拳頭，請問是誰痛苦？十年前給你拳頭的人，早不知道到哪裡去了，你到現在還念念不忘那一拳，是你痛苦還是打你的人痛苦？時常懷抱感恩的心，可以讓你柔軟，進而擴大自己的心胸，釋放負面情緒，涵養心靈智慧。

幫助別人，我給你，我手上就空了，心裡面也空了，就沒有了，所以「施人勿念」；你接受我的幫助，你手上有，心裡裝滿了感謝，但因為取與捨同步完成，能量都在當下得到了平衡，所以不要有負擔。

被幫的人要記得有人幫你，「受施勿忘」，但不要讓「被幫助」成為人情負擔，否則那負擔會壓垮你，拖慢你前進的腳步，甚至減少能量去回饋、去償還。「受人點滴，泉湧以報」，這是古老封建思想裡看似正確卻害死人的觀念，「泉湧」的利息太重了。你感謝就夠了，你記住就夠了，你放心，天道會平衡，最後你不還都不行。

天下沒有白吃的苦，沒有白受的罪，沒有白挨的屈辱。你不要問老天什麼時候還，不要問保證，沒有保證，保證跟人生，你只能選一個。心外無法，心外無佛，心在你身上，佛就是你，你自己決定。

為什麼你覺得答案都在別人身上？為什麼你不認為答案在你身上？為什麼你不問你自己？為什麼你不自己下決定？什麼都要往外問，什麼都要往外求，好像都是這些外面的人事物要替你負責，要承擔你的人生。我們到底要不成熟到幾時？

要願意豁出去、要願意拚一把，首先你要願意「幫自己」。你願意拚一把嗎？

你願意相信你是有能力獲勝的嗎？同樣一件事件的遭遇，我們可以有很多不同的反應，而那個反應是我們自己決定的，怪不了別人。

你不能決定命運要帶給你什麼考驗，但你永遠都可以決定你要怎樣去回應。重要的不是發生什麼事，重要的是你的回應是什麼，你做出了什麼樣的回饋，你怎麼解釋這件事情。一旦你知道怎麼解釋、怎麼創造，你就已經算是開悟者了。

開悟是你只要有「意識到」就可以。你以前不會解二元一次方程式，老師解釋一遍你懂了，在這個問題上，你就開悟了。所以開悟沒有這麼難，比較難的是悟後起修——你懂了二元一次方程式，你如何應用這個二元一次方程式，你做了多少練習，你了解它有多少變化？後面這才是困難的東西，這才是功課。

☆專注是一種自動程式

我們不一定知道什麼是對自己最好的。其實沒有什麼最好，也沒有什麼最壞，好跟壞的條件是常常在變的，但我們可以知道，什麼對自己是最適合的。如果你今天在做一件你很有興趣、很愛的事，你自然會很肯學習，就算沒有人要求也沒有人教，你自己會去研究、會去解決困難。就算沒有人付錢給你，沒有人關注，你還是好愛做它……當你找到最適合自己的，那個「專注」是自動跑出來的。

常常有人這樣問我：「老師，我找不到最適合我的（伴侶、職業、人生方向……），怎辦？」很抱歉，我無法用讓你滿意的答案來答覆你。因為每一個人都不一樣，既然找不到，那就繼續找吧！不要放棄。甚至你可以把「找」當作是你的愛。

我有個朋友是咖啡師，他好愛咖啡。有一天我去找他，他正在烘豆子，一直專注看著烘焙爐上面的小視窗，知道我來，只看了我一眼，冷冷的說：「喔，你來了，坐啊！裡面的人會招呼你。」然後如果再繼續跟他講話，他不回你了，而是專注在烘焙豆子這件事上面，心無旁騖。他很愛烘焙咖啡嗎？他愛的是「咖啡」，而所有跟咖啡有關的事他都要去愛、去認識、去了解。只要是跟咖啡有關的，他都要投入而專注。

當你運用心靈的力量，心靈會讓你自動產生真誠和忠誠的力量，是這二者化身成「專注」。沒有真誠與忠誠，你的愛就不會深入而專注。很愛畫畫，你自動就會專注；很愛咖啡，你自動就會專注；很愛這個人，你自動就會專注。

只有我們自己知道，什麼是對自己最平衡的。當陽光在一面凸透鏡底下，你要調到光線聚焦成一個點，才能夠把一張紙燒起來。當你不停移動鏡片，是在找那個最恰當的聚焦點，在你找到以前，那張紙是燒不起來的，一直到你聚焦在一個點上。這個過程就像我們尋找「中道」的過程，就像在尋找最適合自己的平衡之道。

☆平靜不是努力可得的

專注可以提升覺察力。如果沒有覺察力，我們會活的理所當然，過得行屍走肉，不快樂，沒有愛，也失去好奇心。

很多城市人吃不下飯、睡不著覺、笑不出來，在這樣的狀態之下，要提升專注力是不容易的。可是愛、好奇心、快樂，難道是在你以外的東西嗎？有沒有可能這些一直都在你裡面，你只是沒有發現，或者是刻意把它們藏起來了？還是你根本視而不見，或者是你根本覺得那不是解答？

不！愛是全部的解答！

不平靜時要怎麼讓心平靜？很抱歉，你做不到！一堆人會告訴你一堆方法，不過等你都試過，頭髮也白了。

平靜不是你可以努力、用力、刻意的在「不平靜」時獲得的，那只是一種對抗，對抗是不會讓你獲得平靜的。你不能用強壓的方式讓自己安靜，你只會得到反效果。心與周遭一切相應合，要麼你得「忘了心很亂」，自然慢下來、沉澱下來；要麼你得轉移你的注意力，「別聚焦在來來去去的念頭上」。一聚焦，心神就跟著跑了、晃了，失焦的放大鏡是點不了火的。

☆發呆可以遠離憂鬱

「靜心」很像是發呆，很多人一整天忙碌，周圍安靜不下來，乍然安靜，腦海裡餘音繞樑，引發念頭萬千，難以平靜。

不說靜心，對現代人來說，連「發呆」都是難得又奢侈的吉光片羽。

發呆是什麼？那是一種無念無想、無思無邪的狀態；一種心如止水、眼神失焦，彷彿世界消失一樣的狀態。其實不是世界靜止，世界從不靜止，而是你的心湖平靜了。要知道，當一個人的心不平靜時，連「發呆」都難如登天。

「發呆」就是初階的靜心，茫茫渺渺無念無想、無眼耳鼻舌身意……你沒有在浪費時間，相反的，你正在儲備。發呆可說是「無夢的睡眠」，當這樣的睡眠發生，二十分鐘就會讓你精神飽滿、頭腦清醒，你還以為過了兩小時。

人們更常發生的是「小睡」，發呆不是小睡，是一種放空，好把你的意識洗滌乾淨，為下一個階段的專注和投入預備。一個沒有發呆或小睡習慣的人和有這習慣的人比較，你會發現，後者比較正面、積極、喜悅，而且抗壓性高。至於那些連正常睡眠都少得可憐的，只會離憂鬱越來越近。不過有個好消息給他們——累積許多的「發呆」，能達到比正常睡眠更好的效果。

草原上的動物都是這樣「睡覺」的，在那裡要是不活在當下，小命不保，因此「當下」是生物本能。只有人類，自以為可以征服自然，卻連「當下」都不會。

☆平靜才有真快樂

真正的快樂是內心的平靜，「身無病，心無憂，腹中有詩書；倉有粟，庫有財，門前無債主」，這個是大快樂，是內在整個敞開的一種喜樂，喜樂就是平靜。

我最喜歡在家裡面泡茶，看著一只鐵壺在炭火上面煮，酷柏跟歐嘎窩在旁邊睡覺，然後白煙靄靄，水蒸氣在冒，我一會兒泡茶一會兒讀書，一片歲月靜好、人間無憂的太平景色。我不是那個最好最棒的作者或是心靈工作者，但我要讓自己成為最快樂最平靜最自在的那個。

要獲得這種心境，你可以試著從「靜坐」開始。先不要說那種別人都講過的很高深的意識，那種看到光、看到佛，境界很難的入定。你就看著你的手就好，什麼坐姿都無所謂，只要脊椎打直，靜靜的坐著，就這樣看著。看到你忽然覺得：「這好像不是我的手，這是誰的手？」這時候，你的意識已經開始飄離身體了，開始覺得這個身體不是你了，然後你會好奇，你到底是誰？「如果這個身體不是我，那我到底是誰？」當你好像成為另外一個人來看你這隻手，你會有一種陌生的感覺，整個人處在此生非此身的狀態。

然後當你「回神」後，請你短暫的回憶：從你坐下來開始看手，一直到你感受到此生非此身，這中間整個過程是否平靜，是否專注？

你還可以看燭光，還可以看燃燒中的木炭，冉冉升起的炊煙。你會在下雨天看葉子尖端的那一滴水嗎？透過那一滴水，去看周圍的葉子，你會看到倒影，你會看到露珠上面的灰塵。一沙一世界，提高你的觀察力，你會看到不一樣的世界，然後會激發你的好奇心，開始訓練你進入微觀世界的能力，觀察你周遭的大小事物和你平靜下來的心，獲得另一種層次的快樂。

☆靜心的方法

自自然然的讓心在不壓迫的情況下緩慢，就像是旋轉快速的風扇，你要是用手的力量讓它停止，不是你的手會受傷，就是風扇會故障。可見「強硬」的方式會傷害柔軟的心靈。

如果要讓風扇停止，你應該做的是看看風扇的動力是什麼？是電，那就拔了插頭；是風，那就等風小了，風扇自然會停。在尋找這些動力的時候，你的注意力「已經」不在旋轉的風扇上了，你成功的移轉了風扇的力量。既然「移轉注意力」有用，那麼我們來看看有哪些移轉方向特別有用。

·數數：這是個好方法。只要你數數字不會亂掉，一亂，心又跟著亂了。

·觀想：不管你觀想什麼，光也好，神佛的形象都好，就怕你從心亂中移轉過去，又著了相，誤把內在投射而出的觀想對象當成真實。

·呼吸：這個方法是你一出生就會，而且不用刻意控制。既不怕亂掉，也沒有著相的問題。這個最好的方法現在有了新的功能，就是幫你安靜。

有一個祕訣：請你將注意力集中在眉心的地方，保持正常的呼吸。雙眼垂，嘴巴微開，鼻子吸，嘴巴吐，舌頂上顎。盡量拉長呼吸的時間距離，坐姿以背部打直，舒適為主。要不要盤腿不重要，你是練心，不是練腿。

5 價值的拼圖

你找到你的生物時鐘了嗎？生物時鐘就是你能成功的最佳韻律，因為你能得到充分的休息，並且精神飽滿、能量充足的完成你要做的事。

我沒提「你的工作」。因為在符合生物時鐘的狀態下，你會自動演化出你最該做的事，不一定是老闆交待的工作。是的，我的意思就是：你將會在讓自己舒適、和諧、完美的狀態下，逐漸發現自己的天命，然後實踐。

如果你的生物時鐘讓你在半夜三點醒來，開始一天的活動，你為什麼不要呢？我自己就是這樣子的。清晨三點起床，你會發現你多出很多時間運用，而且應用的效果更佳。如果你用來讀書，記憶力和理解能力都會更有效率。我知道有許多在家居士與高僧、練氣功的人，都是寅時起身練功或靜坐。用來運動，這時間能收事半功倍之效，巨石強森和拳王泰森都是半夜三點起床健身的。

那該幾點睡覺呢？如果你有運動，睡眠時間大約六小時就夠了，九點上床剛剛好，少了夜生活也很健康。我三點起床讀書練功，六點運動，八點我已經把一天中最重要的事做完。剩下的時間可以創作、赴約、演講、授課，而且精神十足。

千萬不要以「我要上班」為藉口而忽略生物時鐘，否則有可能你得上一輩子的班。不要忘記，生物時鐘讓你找到的除了「最佳狀態」，還有「最佳屬性的自我實現」。

很多人每天醒來，離開家到公司去上班，中間可能花三十分鐘到一個小時的車程。對於活在這個空間下的我們，三十分鐘或一個小時是多麼的「真」，我們是如此地把它當真，所以我們才會常說「我沒有時間」，這些話像催眠一樣。

電話如果不是整天不響，要不然就是集中在一個早上響個不停；或是在一個月內離職、搬家、分手、修車……各種倒楣接踵而來，讓你應接不暇；工作老是有突發狀況，內部的生產線出不了貨，外面的廠商又抱怨出貨品質，蠟燭兩頭燒的時候，偏偏你家的狗又要掛急診……或是，很多人結了婚、買了房子，接下來的日子卻是為了繳房貸拚命加班，沒時間過新婚生活，也沒時間生孩子……

時間是一個虛擬的概念。人們活在地球，利用地球的自轉，去區分出一天二十四小時的概念，用地球的公轉，去區分出一年四季，我們是被動的按照物理學的概念去區分出「時間」。「時間」就是物體在空間當中移動距離，中間的那個單位。而事實上，這些都是科學化之下虛擬的概念；事實上，只有一個時間，就是「當下」。「Right here, right now.」，「here」是空間，「now」是現在，也就是「當下」。

你從來沒有被這個世界綁架，只是被你自己的看法桎梏。外面的世界充滿標籤、充滿制約，不停影響你的思考，形塑我們認知的世界。然而，外在也是豐富的、多變的，以至於你的每一天都活得跟昨天不一樣。所以，「放下執著」，因為那些都是短暫的、會消失的。心靈的強大功能，除了意識到「這不是真的」，讓我們得以掙脱，還能幫助我們操控和扭轉命運，而奇蹟的發生不過如此。

凡真實的，不受任何威脅，包括不受時間威脅。在地球上有形的一切，沒有東西是不受時間威脅的，既然都受到時間的威脅，就不是真（長久）的，也就是「虛的」。禪宗裡有個公案：

竹林裡有一棵竹子倒了下來，請問有聲音嗎？

「有啊！」你說。

可是你又不在那裡，你聽到了嗎？

你既無看到，也無聽到。

所以，當你身在你的世界裡，遠處竹林裡有一棵竹子倒下來，既然你身不至，心也不在，那自然是沒有聲音，也不干擾你的。

☆不要想著贏，要想著不要輸

先做好不怕輸的心理準備，你才有可能最後會成為贏家。台灣有部電影《KANO》，是在講棒球的，教練教育他的球員要有一個觀念：「不要想著贏，要想著不要輸。」「不要輸」是底線，死都要守住。球員當然個個都想贏，想要為國爭光，想要贏這場比賽，但教練告訴他們「不要想著贏。要想著不要輸」。意思就是，不要一開始就想要成為最大的贏家，先退而求其次。

更上一層樓的觀念是：當你心甘情願，願意成為最大輸家的時候，你反而能夠發揮你全部的實力，因為沒有顧忌、沒有包袱了，就像一個人如果死都不怕了，什麼都豁出去了，誰還能夠是他的對手？就是這個觀念，做任何事情都一樣往死裡幹，你沒有成就，老天都會給你開出一條路來成就你。

這個方法有用，但大多數的人都不敢這麼做，因為包袱多了，顧慮多了，牽掛多了，想得多了，所以後來有那句話：「煩惱皆因想太多。」一方面想要有所成就，發光發熱；一方面又捨不得，什麼都拽在手上。不是有句中國俗話講「捨不得孩子套不著狼」嗎？豁不出去，你就得不到你要的，這個世界都是要這樣去付出代價的。

當你有目標的時候，要問問你自己：「我願意付出什麼手上的東西，去換取另外一個我要的呢？」這是很重要的觀念，當你以為你是贏的時候，有可能在別的地方輸更多。那麼，當你想著不怕輸、豁出去的時候，很奇怪很弔詭的，你反而可以有比較多的機會能夠贏。

☆心情決定事情

只要你「用心」讓一件事情能夠順利，你們的共同利益就會出現，利益就會共享，最後的榮譽也會共享的。你只要不想溝通或是想要贏得比別人多，就容易變成雙輸的結果。

一個覺察的人，不論在什麼樣的狀態下，不會施予任何形式的暴力，也不會縱容暴力，就算是公事公辦，也可以釋放出善意、互相尊重，專注在共同目標上。只有小我很強的人才會放大情緒，才會感受到巨大的壓力，而所有的不滿，都是因為壓抑的情緒而更被放大的。

先搞定人才能搞定事，先搞定心情才能搞定事情。而你能不能摒棄你的情緒跟你的自我（自大）？當你必須要跟一個不喜歡的人合作，而且你不能搞砸這個工作，你的內心會這樣想：「我接到了一個巨大的功課，我預見了這可能不會是一個很愉快的合作，我也預見過程可能會出現很多不順利，不管是工作上的或是私人情緒上的，會有很多的問題。我無法拒絕跟這個人合作，我也答應了要跟這個人合作……」於是，你告訴自己，「好！我接受這個挑戰，我相信接受了這個挑戰以後，我會有機會改變我對這個人的既定看法，不管那是成見或是偏見……」

一件事情有可能會討論到意見僵持不下，最後變成人跟人之間的意氣之爭，甚至演變成人身攻擊。其實路線之爭、主義之爭、策略之爭，這些都是假議題，真議題只有一個，就是權力之爭。

他想要權力，那就給他。你不是真的想要那個權力，你只是處在一個極高度的憤怒或是恐懼的情緒當中，千萬不要在這樣高度的情緒之下做任何決定，你做錯決定的可能性很大。而且不要在這樣高度的情緒底下溝通，你很有可能會說錯話，讓事情更難以收拾。你要突破的，你真正需要的，是你內在的善良所帶出來的同理心。

☆負面情緒也有效益

事情會卡住，工作會卡住，生活會卡住，都不是人卡住，都是心卡住。人都是透過嘗試跟犯錯在進步的。所以，當我們說某人「聽不懂人話」，是我們不願意用他聽得懂的方式跟足夠的次數讓他聽得懂。

你如何對待別人，周圍的人就會怎麼樣對待你。宇宙是平衡的，你對對方有多少影響力，來自於你有多常跟他溝通、多深入的溝通，在這裡不需要知道你有沒有同理心，你只需要願意。

我們一直要求效率，其實是個迷思，更重要的應該是效益，這個「益」不是只對公司有益，還要對人有益，因為只有「人」得到正面影響的幫助的時候，群體才會得到最正面影響的幫助。

吃虧就是最好的訓練。怎麼讓年輕人顯得穩重沉著？鐵板踢多了就穩重了。一個人撞牆撞多了，嘗到現世報以後，人就會改變、就會修正。就像你做任何運動，如果姿勢不對的話，你可能會發生運動傷害。運動傷害是好事，為什麼？因為你會自動修正姿勢。你會發現怪場地、怪器材、怪教練都沒用，不去檢查自己，你是不會進步的，最後你一定會發現，原來都是自己的問題。

人生，有一好就沒兩好。好一定好嗎？壞一定壞嗎？看起來命很好的人，很可能有其他你無法超越的痛苦，這是宇宙的平衡機制，就像人生為了平衡，也是苦樂參半一樣。

你只看到別人好，是因為你眼睛是「往外」看的，看別人擁有的比較容易，承受別人的痛苦就難多了。所以不要只會羨慕，更無須忌妒。親自去品嚐生命的冰與火吧！你沒有挨一巴掌，怎麼會知道痛的感覺？你沒有被生命摧殘過，怎麼會開始知道「往內」走入「心靈的故鄉」？受苦的人，沒有抱怨的權力，因為閉上嘴巴的同時，他會領略上天的美意。

居於下風不代表差勁，那只是潛能展露的前期，表示成長進步的無限可能。所有的存在都有效益，包括負面的情緒。「正面」的應用被稱之為「負面情緒」的能量，就可以扭轉奇蹟再造人生。

本來就不存在所謂「弱者」，除非你自己同意。

☆不當取得，老天知道

我曾經蝸居的房子，房東是一個大地主，他有很多房子在出租，一個月光收租金可以收四五十萬，他很有錢；我跟他租一個小房子，破破舊舊十坪不到，內部都是簡易的木頭隔間和牆壁，一個月租金一萬一千元，押金兩個月二萬二千元。

簽約的時候，他只有一句話：「你要走的時候，房子要恢復原狀。」這很應該，租人家的房子退租的時候，應該要恢復原狀的。但他「恢復原狀」的定義是，連牆壁上釘釘子的凹洞都要恢復原狀，木頭上釘釘子，就算釘子拔掉了，釘孔也不可能消失！他看到有釘孔，就說要扣掉我全部的押金。人窮只能被欺負，就這樣子硬著頭皮，嘴張得開開的，看著他一毛押金都不退我，我只能吞下去。

等到舊屋都搬空了，我正在打掃屋子時，他來巡視房子，兩個男人在一個窄小的房間，都不講話很尷尬，我就跟他聊天。

我問他：「房東太太最近好嗎？」

他說：「噢！不好。」

我說：「為什麼不好？」

他說：「我太太都睡不著覺。」

我說：「啊，那怎麼辦？有沒有帶她去看醫生？」

他說：「有醫生都看到沒醫生了，問題還是解決不了。」他說他開始跑宮廟求神問卜，花了兩三百萬……

我一聽，當下就知道是什麼原因了——不當取得。他從不該斂聚的地方斂聚，我一定不是他唯一這麼做的人。牆壁上釘個洞，他就要扣我全部的押金，這也太黑了！他這樣子的斂聚，錢還是無法留在口袋裡，老天讓他老婆生怪病，錢又出去了，而且出去更多。所以，不要以為自己做違背良知的事，老天不知道，老天不但知道，而且會用你無法想像的方式「平衡」回來。

宇宙是給光跑的地方，是光倍速，早就沒有隔世報，現在都是現世報。經歷這些事件使我明白因果，真切的看見因果。因果讓我知道，要為人寬厚慈悲、行止得宜，做人要光明正大。直到現在我日子稍稍寬裕，我對弱勢的人們依然經常伸出援手。

☆富者恆富的祕密

沒有對不起你自己，才是最重要的。你做到了一百分，別人在心中要給你打幾分，那與你無關。客戶要不要給你訂單，是他的決定，平常心看待就好。

我們投注多少心力和能力，我們是否有扮演好專業的角色，我們是否有把該做的事做到一百分、兩百分、三百分？我們做到每天該打多少電話、見多少客戶，我們訓練頭腦告訴自己「我是全世界最棒的推銷員」、「我可以在任何時間、任何地點、賣任何東西給任何一個人」，我們盡人事、聽天命。至於結果，那是老天決定的，不是我們能控制。與其去預期今天要成交多少訂單，不如專注做好你能掌握的每一件事，你今天就成功了！

這世界的遊戲規則是由握有資源的人制定，手上沒資源又無法創造資源的人，只能淪為規則下的棋子。

「生意」一詞有「生命意義」的意思。做生意營生，本是靈性修練的一途，甚至可能是最高段、驚險、刺激、好玩的靈性之旅。往往許多人在做了一輩子生意後，都領略了生命最深處的意義。

厲害的生意人眼中沒有藍綠，沒有戰爭或和平，沒有立場與政黨，只有不斷地超越目標去完成。正因為目標是「獲利」，如此專注、超然、凌駕、無分別的眼光與心胸，往往被視為「只問利益不問是非」，還要在成功獲利後忍受謗議。事實上，這樣的心境與態度已是大修行人，只是自己往往不知道持續修持，反倒用利益來享受人生。殊不知，所謂享受，無非傷身與造業，無需他人謗議，已自做苦因。

真正的大人物是看他眼中還有沒有小人物；真正的生意人，不論大生意、小生意，只要有利潤，他都要做成生意，沒有抓大放小的事。成功的生意人，他真正感興趣的是人，不是生意，搞定人就要搞定心，生意才能越做越大，越做越久。你成交的其實不是訂單，是人心。得人心者得天下！

☆消失的一塊錢

有三個人在平安夜抵達正在刮風下雪的紐約機場，因為沒有預訂飯店，只能頂著風雪在馬路上走，好不容易在一條小巷子裡找到了一家還亮著燈的小飯店，但卻客滿了。飯店主人見狀不忍心，便將自己住的房間便宜讓給他們住一晚，每個人收十塊美金，三人欣喜若狂便交租入住。

這個飯店在平安夜還提供了住宿折扣，老闆發現超收五元，於是要服務生退還給他們，負責退費的服務生心想：「五元你們三人分不平，乾脆我把二元當作小費，退還三元給你們。」於是每個人被退還了一塊美金。所以現在讓我們來驗算一下：

本來他們每一個人出了十塊美金，服務生還給他們每個人一塊美金，等同是一個人出九塊美金。三個人的九塊美金，一共是二十七塊美金。

二十七塊美金加上服務生私吞的二塊美金，是二十九塊美金對吧？

本來是三十塊美金的，不見的一塊錢去哪裡了？

你知道那一塊美金沒有消失，一定是哪裡出錯了！但是整個驗算過程又貌似合乎邏輯……作為一個數學問題，而且是小學等級的，這個問題不難回答：因為標準驗算式是這樣的：

30 = 25+3+2

為什麼改了一個演算的方向，就會少一塊？這是一個弔詭，「貌似合理邏輯的弔詭」。事實上是不需要用到「餘數」的。就算你明白這題在數學上的邏輯，很多人在人生中，依然找不到這「一塊錢」。

很多人從小聽話，努力讀書，認真工作，結婚當了好媽媽、好爸爸，一晃眼許多年過去了，卻發現現實和理想不一樣，人生不是自己想要的樣子，「我的一塊錢呢？我的一塊錢呢？」很多人在工作上宵衣旰食、殫精竭慮，努力加班創造公司的業績，他們都照做了，最後卻被開除。「我的一塊錢呢？」他們震驚、灰心、失望，最後失落，然後不快樂的過著後半生。

其實這一塊錢沒有消失。是算法被「合理的邏輯弔詭」誤導。對很多以為自己人生「消失了一塊錢」的人來說，那一塊錢一直在，在心靈深處的角落，等待著被發現。

☆你覺得你值多少？

他問：「我要做些什麼，我才能擁有高收入？」、「為什麼我一個月只有三萬塊？」他一天到晚在轉這個問題，覺得很不快樂，直到有一天有人問他：

「你覺得你值多少錢？」

「……」

「你回去看你的薪資單吧，你就值那些了。」

很殘酷！但其實這個人沒說錯，要有金手指，有一個很核心的問題就是：「你覺得你自己值多少？」如果今天要把你自己放到市場上去拍賣，給自己定個價位，你覺得自己值多少？

外在的能力很重要，而內在的吸引力就是我們這本書要談的，「我要擁有什麼樣的信念、價值觀，才能夠擁有高收入？」「我要建立什麼樣的心靈系統，才能夠擁有高收入？」

一個有才華、有能力的人，會在心中給自己訂一個價格，一個心中的價值被自己看重的價格，關鍵在於你有多看重你自己。很多人骨子裡面認為自己是不值的，有些人「太在乎」老闆說什麼，「太在乎」面試官會怎麼想，「太在乎」得到、或有沒有這一份工作，這個「太在乎」本身就讓自己成為不值得的。

你的收入等於你的價值，你可能不喜歡這個說法，你可能不喜歡這個數字，但是你想要有所改變，就得要面對。如果你開始發現，你的人生不應該只有這麼多，你的人生值得擁有更多，你就得讓內心的房間變大，才能吸引更多的價值裝進來。這種追求是一種進步，是必然、必要的。

寫下來，不論是你的問題，或是過去的遭遇，寫下來，就是一種釋放，是一種宣告，透過文字抒發，是一個讓能量凝聚的過程。心總有一塊黑暗的、放垃圾的地方，釋放了就會空出來，空出來就可以進行一些心靈的重塑，自我的思考就會發生。

☆人生有選擇，也會沒得選

人生的弔詭是什麼？記得小時候，常常玩一種捲起來的紙上迷宮嗎？小朋友自己畫的迷宮，可以只有一個起點和一個終點，也可以有很多個起點和很多終點，每一次玩，我就是會遇到大魔王，就是會掉到陷阱裡面去。我一開始怎麼會知道要選擇哪條路？我也不知道選擇的路是會掉到陷阱裡面，還是通往金銀財寶。你不知道的。

就像人生的路一樣，你也常常面臨「我要不要選、要不要走」的抉擇。很多人會說「我不要走」。紙上遊戲你當然可以不要玩，但人生你沒選擇。

你已經來了，再鑽不回娘胎。人生是場遊戲，也是場戰爭，你不需要喜歡人生這場遊戲（戰爭），你需要的是努力獲勝。和紙上迷宮不同的是，人生精采多了，寧可奮戰而死，也不要苟活而生。

一個專注用心的人，也不免會遇上挫折，我們應該要視挫折為正常，就像出門在外有風有雨一樣。

我很討厭「挫折」這兩個字，因為聽起來太挫折了。那些不如我們預期的事、超乎我們想像的事，也是一種機會、一種挑戰，也是一個突破的可能。「我不說這是一個挫折」也是一種心法，方法就是把「沒有挫折」植入內心，成為一種信念。

當你信念具備，內在靈性的力量能夠提升，「讓心能夠打開」就是靈售力的目的，因為打開的心靈將可以承受宇宙的豐盛。

☆「委曲求全」的力量

我們生活的這個世界，真真實實是存在著各式各樣奇奇怪怪的人，有盜賊，有搶匪，有破壞和諧的人，有使絆子的人，有傷害別人的人。在你跟我共有的這個世界裡的這些人，他們是真實存在的，而他們不是只有看著你的錢包而已，他們可能還會踐踏你的尊嚴、挫敗你的鬥志，他們會偷走你對這個世界美好的想像，甚至還會偷走你對人性正面良善的信念，讓你痛苦萬分。

你一定要了解，這個世界上有這麼一群眼中只有自己的生存、完全不存在別人的野蠻人，他們和你一樣穿著人的衣服。這份了解與接受，會為你帶來保護自己的力量。

拿起你的盾牌，不要讓這些人傷害到你。雖然你心裡面知道，這個世界上有這樣的一群人，但你千萬不要到處告訴別人，你雖然知道，但放心裡面就好。害人之心不可有，防人之心也不用張揚。這個世界像是亞馬遜叢林，充滿各種不知是熊還是虎的野獸，我們不傷害別人，但一定要隨時知道怎麼保護自己，有時候你要裝傻，要大智若愚。不管你多麼精明多麼能幹，總是會有人比你更加精明更加能幹；不管你有多麼超然、多無情，總是會有人比你更超然、更無情。

保持謙卑，但你必須要很敏銳地去培養出，哪些人的哪些能力是在你之上、哪些人的哪些能力是在你之下的眼光。對你來講，培養這樣的敏感度是非常重要的，因為你會知道，在什麼時候、什麼對象、什麼地方你應該要積極進取，什麼時候、什麼對象、什麼地方你應該要委曲求全。

積極進取不難，求進步是本性，難的是委曲求全。我們都應該培養自己「人在屋簷下，不得不低頭」的那個「委曲求全」的力量，因為那個低頭，是一種識時務蓄積力量的狀態。到了關鍵時刻要實現目標的時候，你的委曲求全有時候比你積極進取要更有用。

了解現況審時度勢，你說它是計謀嗎？它是。但它也是一種天道。天道不是「只有天知道」，如果你夠敏銳和細心，你也可以知道。老天其實把很多未來的事都用細微的徵兆顯現出來，靜心觀察，一葉知秋，靜心細思見微知著。

☆不是你的，不要承擔

現代人常常會有一種濫慈悲，什麼是濫慈悲呢？就是不干他的事他也拿起來擔憂，不干他的事他也把事情攬在自己身上，當成好像是自己的責任。結果，該承担責任的人失去了可以為自己學習負責任的機會，那不該擔這個責任的人卻荒唐的扛起了不屬於他自己的小孩，莫名其妙的走了好久好久的路。

事實上，這樣的濫慈悲不是真正的慈悲，不是真正的善。這正說明了：很有可能在你的內在，有一個需要藉由這樣幫助別人、甚至討好別人的行為，來獲得自我存在價值的肯定，希望藉由這樣的行為，來讓自己成為一個好人。

不要忘記，所有的犧牲都帶著目的，不論有形無形，為人還是為己。否則以動機跟目的來說，你根本不需要這麼做。雖然幫的是別人，最後很有可能是自私的目的，為了自己的存在感，或是渴望想要成為有用的人。

另外一批人，他們是直覺敏銳的人，凡事非常的警覺，非常的容易緊張，把人人都當成加害者，彷彿人人都覬覦他手上的財富，或是人人靠近他都是為了要傷害他，總是處於嚴重的受害者情節。

我剛剛講了一個濫慈悲，是張開双臂迎接別人、幫助別人，其實是為了換取自己的存在價值；另外一批人是把心門緊閉，小心翼翼，把別人都看成壞人。這二個極端的人，其實在這個世界上很多。

我們能不能夠讓自己不要走入這二個極端？在我們辨別出這兩個極端的人之前，我們先想辦法讓自己不要成為這兩個極端的人。

如果你幫助別人，千萬不要出於內在的有求，別想要什麼成就自我，獲得他人肯定。人到無求品自高，單純的不帶任何的目的，你才能夠很超然的撒手拒絕承擔一些不屬於你的責任，也免去剝奪了他人藉此來進步學習的機會。我們也要避免過度精明，過度緊張，過度受害者情結，過度的擔憂。把來到我們身邊的人都當成不安好心眼。

☆價值無須證明

「成績」是短暫的，「成就」卻是一生的課題。試著用「終點思考法」加入時間軸看自己吧！任何事情，在「時間軸」上都能完美無瑕的被完成或是得到解釋。一顆橡樹種子種下的一年內，與小草差異不大，但是數十年後就非「吳下阿蒙」了。我們常高估了一年之內要完成的事，卻更常低估了自己十年可能做到的成就。前者太急，後者又太淺。

努力學習是很好的事，但「努力快樂」是什麼意思？快樂既然是自然的現象，又何須努力？就像你的存在，本是如此渾然天成完美無暇，又何須多此一舉的向世界、向他人證明？如果你本是你所「是」的，何須努力？何須證明？

小草小花無需證明自己，它們的存在即是。它們也無需努力，順其自然也就是了。小花小草接受它們本來的樣子，小花小草如此，參天巨木如此，世間萬物莫不如此，除了人，所以人才需要去求「本來面目」。如果你完全接納自己，本來面目是不假外求的。

在意他人看法的我們選擇拋棄自己，懷疑自己的存在，取用他人的觀點做許多徒勞無功的事情取悅、討好他人。告訴自己：「有價值，我就會存在。」這是真的嗎？你的存在到底和這些社會的、人為的價值觀有什麼關係？小花小草才不在乎世界、社會、人們怎麼看它，它迎風搖曳兀自盛開。

6

覺醒的力量

試著從現在開始的一天之內，說話不說「我」字，只要說了一個「我」，就給身邊的人一千塊。我敢打賭，你會小心翼翼的、帶著覺察的說話。說話速度慢了，頭腦條理清楚了，用字精準度增加了。儘管你可能還是會掏出幾張千元鈔作為習氣與慣性的代價，但你已經感受到，處於清晰覺知和覺察的狀態，並且看見它帶來的好處。

過去都太自在、太快活了，想吃就吃、想玩就玩、想講就講、想做就做……這樣的快活像是無限上綱的自由，但最後會因為無知，而把自己導向失望與痛苦，所以才說，小我帶來的都是苦痛，因為「快樂」與「自由」不只靈魂適用，連小我也很愛用。快樂與自由對靈魂來說是本質，但對小我來說，是拿來麻痺頭腦聽命於他的技倆。一旦小我完成掌控你的目的，你的快樂與自由就會消失無蹤。

「覺知覺察」像是處在「苦日子結束、好日子也結束」的狀態下過日子。苦日子結束是因為看透了苦的本質，知道苦只不過是我們意識上虛妄的造作，並不真實。好日子結束是因為，隨時要如懸樑刺股般地保持在高度清楚明白的狀態，不容一點糊塗；還得要隨時注意身而為人時不時會出來拚刀子的慣性、執著、欲望、癡念……拚不過這些「內部戰爭」，終究只是凡夫。修行難，難在此，哪裡是經典難易呢？就算我說破嘴，頭腦理解的終究和靈性理解的程度不同啊！

你上班工作賺錢，訓練自己「生存」，只有當你開始在生活裡面帶著覺察，發現喜悅、創造幸福，你才真正是在「生活」。是的！我們其實不缺幸福，缺的是發現幸福的眼睛和創造幸福的動力。幸福是一種心境，跟錢多半關係不大。如果「覺察」會為你帶來負面影響，那還是覺察嗎？

有種敏感叫恐懼，叫多疑，叫膽怯，叫小心眼，叫鑽牛角尖，叫想太多，叫低自我價值，就是不叫覺察。真正的覺察只會讓你平靜喜悅，自在安然。

但願我沒有打擊到你的信心，但我必須如此。只有打破「你所以為」的，才能重建全新的自己。

為小事糾結，為鳥事抓狂，這樣的情況很多人都有，但不是每個是強迫症，這需要醫師專業的診斷；如果沒有經過診斷，我們只能說，這是類似於強迫症的性格取向，需要的是性格的調整和自我價值的重建。一個人一旦自我價值感夠高，就不會過度在意他人眼光，也不會終日惶惶，擔心一些雞毛蒜皮的小事。當自信的指數提升，你會發現自己的性格逐漸改變。

自信要提升，需要有事件發生的衝擊以及面對的勇氣。你需要開始逼自己去正視自己的敏感怯弱，並且尋求機會突破。既然你自稱強迫症，那麼就強迫自己，面對自己的膽小怯弱和擔驚受怕的性格吧！

不要覺得自己無法改變。再冷的石頭坐上三年也會暖，只要持續面對自己的弱點，持續調整，幾年之後，你將會判若兩人。

☆時時刻刻都是「覺」的練習

活在虛幻世間的我們，老天給我們安排許多領悟的功課。先不說在學校課堂裡習得的新知，讓你總有茅塞頓開的領悟，就算是你從未進校園，生活中、自然裡，也每天都提供你足夠的資訊去看、去聽、去思考。因為人類被賦予了「覺性」或稱「悟性」，其程度是其他有情眾生所望塵莫及。基於這份覺性或悟性，人們有辦法以血肉之軀上達天聽，汲取蒼天宇宙廣大的智慧。即使靈魂覺性尚未與蒼天連結，光靠這顆腦袋，也可以在地上得其所需、生生不息。

一個人必定要有某種覺悟，才會有某種改變，而悟後起修的，就是那份面對與接受改變所帶來的種種，不論是習氣的調整或是境遇的艱困。

總的來說，「覺悟」讓你看清真相，而真相並不總是讓人愉悅。因此你可以說，「覺悟」並不是一件會讓人自在快活的事。

「覺知」、「覺察」、「覺醒」、「覺悟」，這四覺，修行人時常琅琅上口，似乎他們之間有著高低次第，又有著如鎖鏈般密切的關係。依我看來，人要是不覺悟，是不可能開始覺知的；既然不能知曉，也就不會覺察；而不能覺察，則有如昏睡於這虛空世間，不得覺醒。覺醒是最終的標的，「覺悟」則是一切的開始。

覺悟之後，因為已經對真相有所領悟，他必須時時刻刻保持在那個「知道真相」的狀態裡；對覺悟的人來說，知道真相並不難，難的是「時時刻刻」。覺知是一個短暫的過程，它存在每一個時刻接續的片段裡，而延長這個覺知的時間軸，是「覺察」。

覺知與覺察分別代表長和短兩種時間狀態，也代表「覺」的表裡兩種呈現，藉此可以明白觀察自己是否偏離了真相或正道。

這個世間真是為了修行而設計的，因為有時間差、有二元、有陰陽，事物和因果的呈現才會被明顯的看見。我們被困在這裡出不去，人類在此空間，無法避免必須要用時間的表述，對恆常亙古來說、對那完全不是線性的時間軸來說，覺知、覺察、覺醒、覺悟，是同一時刻與同一件事。

但在我們的空間，同一件事得有次第才能出現。覺知與覺察既是表裡，那便都是一體，知在內，察在外，如如不動。你會一邊知道自己有習氣的慣性，又一邊覺察自己是否受慣性影響。你會一邊知道自己有執著與嗔怒，又一邊覺察自己在執著與嗔怒之下的表現。然後你看起來會像是戰戰兢兢觀察自己的笨蛋，又像驚弓之鳥，戒慎恐懼著失去覺知與覺察。

☆知道→悟道→做到→得到

老天沒欠你什麼，而我們待的世界總是二元平衡，要想擁有什麼，你必得付出什麼。不止沒有白吃的午餐，連晚餐宵夜都沒有！那些抱怨時運不濟的人，說穿了是卸責給老天，讓老天為他背黑鍋，不願承認是自己不努力、不用心、不堅持。努力、用心、堅持，你不一定會獲得「成功」，但你的人生會因此顯出價值，這份價值不只對自己有意義，還會擴散給他人。你自己就是榜樣！

「我知道」真是全世界最可怕的三個字！因為，知道沒有用，多得是知道卻做不到、得不到的人。知道只是頭腦的層次，小我的知見。距離「得到」還差兩道，便是「悟道」與「做到」！

「知道」到「悟道」是最磨人的，也是最重要、最必要的過程，因為那是將腦袋的「知識」落實在生活中，成為「血肉經驗」的歷程。除非你時時刻刻在生活中帶著覺察過日子，否則只是迷迷糊糊的活著，永遠好了瘡疤忘了痛，就只會不明不白的過完一生。

從「悟道」到「得到」，你只需要用行動「做到」就行，呆呆的做，別想太多，更別埋怨。至於「做到」到「得到」，就不需要你擔心了，你會像磁鐵般的吸引到任何你想要、你需要的，不費吹灰之力，因為所有你需要出的力，都已經往自己裡頭灌了，剩下的就是等待宇宙還給你。

所謂的「得」，不是因為你做了什麼或沒做，而是因為你是怎樣的「人」。這是為何「你是誰」這問題會成為最重要的大哉問的原因。你的所思所言所行，決定了你這人呈現於這世界的品質和價值。而這世界也會反射你所「是」的回到你身上。所謂的「因果」，不過是這反射的宇宙的一種自然機制罷了。

所謂的無為，並非外在沒有作為，而是往自己裡頭去為，然後體現在自己的生活細節中。**魔鬼和天使都藏在細節裡**，你不在自己生活的行動細節中關注與覺察，就不會在生命的大處實現希望。《聖經》上說：「人若在小事忠心，在大事也必忠心。」神對你也是一樣。

☆你可以終結錯誤

「讓一切錯誤到我為止！」這意謂著你有責任不再讓錯誤延續下去，這意謂著你有義務時刻保持覺知，不使自己掉落潛意識習氣的陷阱。在你說話、做事、思考時，都務必遠離它們帶給你的慣性，否則骨子裡的東西會隨時伺機而動。

你很有可能無法原諒它們，不要緊，不用原諒，那是上帝的事。只要你沒準備好，你就不需要接受對方強迫式的原諒請求，這不代表你心量小，你只是把這議題交給時間和空間，然後作你自己，也允許對方有機會走他的道途。若對方因為這樣而說你不懂寬恕、沒有度量，那麼他正企圖給你二次傷害！這正說明了他只是為了讓自己心裡舒坦些而請求原諒，並不是真心的懺悔改過。

你的責任是終結錯誤不使之延續，這樣，你已經從無明斷開，進入覺醒。要注意的是，不需要再壓抑自己的情緒與痛苦，不論是尋求協助或者是自由釋放，都很好。要知道，你已經不再是當年的自己，籌碼現在在你手上，「他們」能掌控你的空間已經不存在。

不要再說「我絕對不要變成ＸＸ那樣的人！」請你用「時刻對自己的覺察」去說話做事，用實際行動來扭轉人生的基因。如果你讓自己陷溺在過往的痛苦而不思改變，那麼錯誤就無法避免會被複製。

☆你沒時間討厭

你永遠不必去對人解釋你自己，因為討厭你的人不會相信，而喜歡你的人不需要。這二元世界永遠充斥著正反二種聲音，有人喜歡就有人討厭，有讚就會有幹，有掌聲也伴隨著噓聲。其實貪愛掌聲那是當然，但也不用為噓聲介懷。

喜歡或是討厭，都只是他內心的投射或假設，我們無需去為他人內心的這份投射或假設負責任、解釋或修復什麼，那也只是持續傷害並削減自己的力量罷了。事實是：你沒時間討厭他，愛你的人還有那麼多……

這是「自我感覺良好」嗎？沒錯，它是。但是這種自我感覺良好讓你快樂，也讓他人免於痛苦，創造出一種各自當下自在的和諧。二元相對的狀態不會消失，但我們可以選擇面對的態度。

根據投射法則，一個總是需要「防小人」的人，往往自己就先有了小人之心，只是不容易承認，但行為不會說謊。

你不會變成你所「以為」的，你只會趨向你所「是」的。如果未經覺察，在自然而然的情況下，你往往會變成你最討厭的那個人。為什麼？因為你內在對之產生了「厭惡」，這就讓你和他相應了。如果不同質，是很難相應的。

常常，我們所謂的「會做人」，是有選擇性的。面對你喜歡的、有益的朋友或夥伴，我們很容易敞開並且友善的互動；但面對你討厭、價值觀不一樣甚或是傷害過你的對象，我們很容易給予完全相反的對待。畢竟很少人能做到「打你左臉，迎上右臉」。

你會討厭並且遠離後者，這很自然，因為那不只是人性，還是所有動物的天性。

就靈性的角度來說，其實沒有什麼是「真實」的，自然也沒有什麼是「不可原諒」。但我們在二元世界，有二元世界的規矩，很多時候我們就是沒準備好要原諒對方，即便我們準備好，但對方可能還沒準備好要調整或修正。這時候，只有允許各自往內心做功課，一點也不需要憋屈了自己。

☆與你相應的才會發生

我們對自己是不是有百分之百的認同度？我們對自己的認同，牽涉到我們跟周圍的人、事甚至是物品的共同關係。人只會看到自己想看到的東西，人只會聽見自己想聽見的內容，你不喜歡的、排斥的，你自動會忽略。

我們一直都在維繫各種關係，親子關係、原生家庭的關係、跟伴侶的關係、跟周圍同事的關係，以及跟金錢的關係，各式各樣的關係。同理心幫人把心打開，以便跟周圍的人事物建立關係。一旦關係和諧了，人就對了；人對了，你的世界就對了。

你生命當中會發生的，都是「與你相應」的，沒有不該出現的人、不該發生的事。在這個世界上，人跟人之間的緣分就像一列火車，到每一站，有人上車，有人下車；有人陪你坐一段，聊得很開心，到站他要走了；有人跟你互動很緊密，最後翻臉不認人……

在這些人來人往、緣聚緣散的種種變化中，你是一個主角，同時也是一個旁觀者。你看到的是什麼？你要為此陷入痛苦的迴圈，或者去相信，一切都是最好的安排？不需要追悔，不管是愛過、衝過、拚過，或莽撞過，你只要「在當下」百分之百地去活出自己，並且把你遇到的問題處理完就好。

一個人「專注」在金錢上、利益上也可以成功，但是金錢的滿足只能讓人活著多一些選擇。這世界上也有一種人，他很願意「用心」滿足別人，他看到別人得到滿足，看到別人需求被解決，他是很開心的，他是有愛的，他就不只是滿足於自己的溫飽。

專注跟用心是一體兩面。你看一枚一塊錢硬幣，人頭那一面是一塊錢嗎？只有人頭那一面的話，不是一塊錢；字那一面是一塊錢嗎？只有字那一面的話，也不是一塊錢。兩面同時存在，才是一塊錢，不是嗎？

☆「不完美」就是完美的開始

關於世界，最重要的一件事就是：世上的一切都沒有完美的。希望商場沒有欺瞞是不可能的，希望政黨不貪腐是不可能的，希望人性高尚是有困難的……人、事、物、環境，都有缺點，都有問題。如果一直活在「本應完美」的預期裡面，人會過得很不快樂。

認為「一切本應完美」的心態，其實是一種恐懼，一種不安全感的反射。因為在他人和他處看到了自己的不完美，自己不加以反省修正，反而到處找尋安全的避風港，還希望一切不好的事物遠離，排斥面對一切的考驗，只會恐懼一切的不完美，擔心會威脅到自己的生存……

可是人活著只是為了生存嗎？難道不是為了更上一層樓嗎？

我們看到，許多人為了生存而辛苦努力的活著，若這樣還不明白，生命的真正價值是使自己在不完美的環境中修練自己，以創造趨近於完美的人生，實在是枉費來世上一遭！而人若總是活在「世界本應完美」的預期與「其實充滿缺憾」的矛盾衝突與恐懼中，又怎會快樂？不快樂是生命該有的狀態嗎？

所以要明白，「不完美」其實就是完美的開始，因為沒有上就不會有下、沒有黑就不會有白。這世界一切都是相對的！沒有不完美，就不會知道完美的幸福有多值得珍惜，不完美其實是為完美而存在的！若只是詛咒不完美，我們就忽略了其中存在著完美的意義。

父母最該教育子女的就是告知他：「這世上沒有完美。」孩子活在天真之中，在他眼中是盡善盡美，但那與世界並不相符，一旦他長大以後，發現世上其實充滿了許多的醜陋，內心的衝擊將會是多麼大！

上帝似乎有意使地球充滿缺憾，人才能在不完美中進步。我們必須要接受甚至禮讚這一切的不公、不義、不美、不善……就因為世上的一切都有問題，我們才能藉由解決問題去發揮自己的價值，然後使一切趨近於完美。若是總把目光聚焦在問題上，不單單你自己不快樂，還會使人厭惡。

做個解決問題的人吧，而且要做個「不便宜行事，認真負責」的問題解決者。不要當個只會揪出問題的人，不要成為製造問題的人。

你需接受一切的不完美，且建設性的改變它。下次看到會讓你想破口大罵的事情或是抱怨連連時，想想這一點。

問題不會因為你的不接受或破口大罵而消失，你是誰啊？但正因為你不是誰，還能去面對解決問題，你就成就了你自己！

你不覺得上帝似乎都把好的賜與那些致力於面對自我和解決問題的人嗎？不看負面只看正面是對的，因為你會找到解決事情的方法。

☆靈性的答案從來不在頭腦裡

不要沒事找問題。頭腦很愛來事，動不動思考、分析、比較、判斷，弄得人一刻不能清閒，陷溺在頭腦製造的迴圈當中。只要是人，都很容易不知不覺的「頭腦化」，過度思考的結果，就是腦神經衰弱，導致夜不能眠，依靠藥物也只能治標。

很多人轉向宗教或是心靈圈求助，結果因為不明白頭腦和心靈不同的屬性，把兩邊攪成一團，更加的迷茫。和頭腦化一樣，在靈性之下，所有的一切現象和狀況，都可以找到靈性的說法；但不需要什麼都泛靈性化，以致凡事都要靈性方向的意義或解答。更不要刻意的去「尋求靈性的問題」，這樣你最後只會深陷頭腦裡，離靈性越來越遠。

想找解答卻得不到解答，是因為問錯問題；會問錯問題，是因為不懂心靈也不懂頭腦，終歸說是不懂自己，弄到自己滿腦袋一堆問題。

靈性的答案從來不在頭腦裡！有時候人們只想透過問一個「好像很落地的高深問題」來展現自己於靈性「有在想」、「有在認真努力」，但仔細檢查，不難發現頭腦的痕跡。例如：「如何在生活中將神性落實？」、「我感受到神性之後的下一步呢？」、「如果我很愛我自己，卻就是無法去愛人，這是為什麼？」

如何將神性落實？老實專注過日子就是！哪裡需要「如何」呢？下一步？活在當下就是！沒有下一步。

頭腦才會創造問題或製造讓你頭痛的情境。靈性沒有問題，也不會有問題。想要解決很多問題？簡單！放下頭腦，老實過日，即可活出靈性。用「當下」面對外在一切「現象」，負責任的處理，然後放下；用「安靜覺察」處理內部心靈，明辨真實的安心自在和頭腦安心假象的差異。

☆讓你踏實的才是天命

天命不是一種頭腦能理解的東西，當你「是」你的天命時，你會有一種前所未有的踏實感。這麼說吧！當你「做」某件事時，有一種沒來由的「我就是」的篤定，或是那個「我就是」的聲音催促你去「做」某件事。那是一種：在這件事上有「無與倫比」的高自我認知和評價，超越了一切你對自己的負評。

上述現象出現，就多半是你的天命，剩下的就是你頭腦的雜訊了。靈魂一直來敲門，用非頭腦的直覺。常常我們錯過天命，都是因為被頭腦雜訊干擾了。它最常用的便是懷疑、拖延和猶豫。要想知道是或不是，去做就對了！你的心會告訴你。

誰叫我們過去依賴頭腦這樣深，以至於不自覺的被它綁架。不需要這工具時，還緊緊抓著……所謂的「覺察」，除了看清內在的真相與外在的幻象之外，還包括分辨「靈魂」與「頭腦」的差異。這是二元世界裡修練的功課，是個不困難的祝福。所謂的「二元分別」，正是要讓你最後學習到，根本沒有這兩塊錢（二元）。

所謂天命，是符合你來這世界的生命藍圖、靈魂約定的道路。它不單指職業，也包括你眼下正在吃的苦。

生命藍圖與靈魂約定，往往不是你找得到的。它們被藏在尋常日子裡的點滴領悟與學習，被封印在夢想與現實之間的空隙。只有豁出去勇敢吃苦，面對現實不退轉、不抱怨，就算恐懼也不會停止前進的人才能覓得。

每個人都有生命藍圖與靈魂約定，不管樂不樂意，都得被推上這條路。只是遺憾的是，這世界上只有很少人能用上述的態度在這條路上大步向前、順暢到底。

不要問天命可以為你帶來什麼，要問你願意為天命付出些什麼？

找天命不如造天命，最好的造法，就是安住當下，心安理得，不忮不求，閉上嘴巴不要叫苦的腳踏實地。不滿現狀可以為你找到好工作，但從來不是創造天命的好理由。

如果你正走在天命的路上……

你會無比踏實，縱使疲憊或工作紛至，你也會心平氣和、不忙不亂的處理。

你會充滿喜悅，就算沒賺什麼錢，就算花很多時間，就算成績還看不見。

你會樂於學習，但凡與此天命相關的領域，都會認真學習並且好奇。

你會舉一反三，樂於發揮實驗家精神，發展創意。

你會得到資源、資金、人脈或是相關的協助，如果不是「自動到位」就是「垂手可得」。

你會抗壓性高，面對冷水、奚落，能有樂觀的態度扭轉情緒和視角。

你會充滿希望，在積極中懷抱夢想前進，停不下來。

你會自動早起不賴床。

你會為了給天命更好的發揮作用，你會注重健康，開始運動。

你會每天都很愛自己，也愛周圍的一切。

☆正面積極可改變 DNA

思想是帶著能量的，而能量是有頻率的，持續正面積極的思想，可以改變我們體內的 DNA 頻率；當你的 DNA 頻率轉向和宇宙同頻共振，「靈光乍現」、「靈機一動」的直覺和點子，甚至是那些頭腦完全無法理解也不合邏輯的「訊息」就會出現。如果你選擇接受，那麼在老天的幫助之下，由你內在已改變的能量思維「投射」到這個物質實體世界，就會讓你心中願望所需的資源與資訊加速集中，達到「心想事成」的結果。

「心想事成」是可能的，我們會具備這項能力，是宇宙的恩賜，也是身而為人一生重要的學習。所以不論你是誰、出身如何、起點的背景條件如何，只要掌握了這個能力和技術，你就可以成就偉業，或是讓自己脫胎換骨。命運確實掌握在你手裡。

過去有不少人只是「剛剛好」有著堅毅又樂觀的性格而成就人生，他們並不知道自己的 DNA 被自己的性格轉變，更不知道他們的「靈感」是來自蒼天宇宙，而完成了他們的功績。你一定聽過「性格決定命運」，現在你更知道「態度可以改變性格」。

我們很幸福，現代人有科學的檢驗作為後盾，你在執行這個技術的時候，完全可以有百分百的信心，而不需要擔心成功與否。

☆下決心行動

「天命」說的是一種「態度」，求不來，你得肯。

「靈性」也只是「心念狀態」，給不了，你得在。

「次元」說的是「能量所在」，愛不愛，說了算。

「創業」要的是一個「創意」，不是錢，你得牛。

「成功」談的是許多「觀念」，不只牛，你得革。

「發財」要的是為人「發心」，不能貪，你得捨。

「自由」只是一切能「無礙」，不能抓，你得放。

靈性的觀念，說來說去總不脫那些，說久了自己都覺得像是口號般的不真實。除非你真的開始「下決心行動」，不然「靈性」永遠只是那個遙遠的救世主，跟你就是對不上頻率。

如果你不知道自己人生的「方向」或是「下一步」何去何從，你需要的不是到處求神問卜或是找老師諮商，而是開始學會，別再「用頭腦創造出更多問題」來當作「面對基本真實問題」的逃避——相信我，很多人根本就知道自己的問題是什麼，只是不想面對。因為他根本就知道，解決的方式就是「把眼前該做的事情做到最好」、「把面對眼前責任當作唯一要務」。

☆解除武裝，毀譽由人

日本茶道裡，茶屋的入口總是做得低矮，為得是讓人進入時要低頭，即便社會地位崇高的武士要進入茶屋，也不可以攜帶武器。「謙卑的解除武裝」是日本茶道的對於「一期一會」的慎重。「這可能是我們一生僅有的一次和平的聚會，出了這道矮門，就必須廝殺，直到另一個人闔上雙眼。但是此刻，請讓我們卸下武裝、敞開心房吧！人間的拚搏廝殺都是假的，在茶道裡，沒有敵人。」這其實是天道。

人生裡面沒有「你應該」，也沒有「我以為」，放下期待，就會有彈性，就會快樂，人生就不會一成不變，只要不把「我以為」、「你應該」當作口頭禪，這些都是錯誤的「以為」。

「毀譽由人」有兩個解釋，一個是「隨他人去說」，另一個是「看法其實都是他人決定」，今天他人可以讚譽你，明天他也可以詆毀你。明白了後者，要做到前者就容易了。

如果有人扯你後腿，那是在鍛鍊你腳力，要謝謝他。如果有人給你蜜糖吃，感謝之餘也只宜淺嚐，畢竟蜜糖不能當正餐。保持這樣的一份淡然，能保頭腦不至昏聵，以致忘了自己是誰。這和否定自我無關，你的「自我評價」來自於你對自己的看法和態度，永遠不會也不該來自他人的讚賞或貶抑。

不要對生養你的土地失去尊敬。

不要對賜予你生命的父母失去謙卑。

不要對給予你教導和成長的人失去感謝。

永遠都不要。就算他們曾經傷害或對不起你。

別問為什麼，總有一天你會發現，這樣做的好處會回到你自己身上。

當你看見別人對你展現傲慢時，告訴自己：只是他謙卑的時候還沒到。不要用憤怒的眼神對著他。

當你看見別人對你誤解冤屈時，告訴自己：只是他了解的時候還沒到。不要用情緒的態度回報他。

當你看見別人對你批判攻擊時，告訴自己：只是我自己的時候還沒到。不要用惡言的語句反擊他。

當你看見別人正走在一條彎曲的道路，告訴自己：任何道途都會導向他最終要去的地方。不要用自以為是的方向引導他。

當你看見別人轉身離去不再與你為伍，告訴自己：只是彼此緣分暫時停止。不要用批判的角度攻擊他。

當你看見別人對你表現出任何讓你不悅的語言和行為，不要因此貼上了標籤指責他。當從你的反應中觀照自己內心的變化。

任何人的出現都不是沒有原因的，任何事的發生都不是毫無理由的。都是為了試煉你、提升你、幫助你、彰顯你。祂沒有給你「對手」，只有「對象」。

於是一起在這大地的舞台上，他們與他們的態度同你一道開啟人生，雙雙粉墨登場。擬真的舞台上，原沒有對錯與真假，只有你認定的為真。

請允許每一個人都有自己生命學習的進程，因為上帝給每一個人的天賦就是「學習」。而學習需要時間的練習，給自己一點時間，也把時間給別人。

認定都是別人的問題，你會很不快樂，因為別人不是你可以改變的；認定都是自己的問題，你會更不快樂，因為看見自己內在千瘡百孔。

選擇後者，你或許會不快樂一陣子，但是可以清晰一輩子。因為你最後會發現，人生根本沒有不能解決的問題，所以你的人生沒有問題！你自由了！

你認定什麼都可以是由你自己決定的，會有問題也都是自己想的，問題能不能解決，也是自己可以努力的。當然，你也可以反其道而行。

很煩？除了死人誰沒問題呢？但這樣就去死，也未免太糟蹋這場精采遊戲人生的機會。人生的機會被糟蹋，死了問題更大，你不會想嘗試的。

既然來了就開心一點！尤其在跟自己獨處時，快樂從來不在方寸之外。既不用理由，也不用遠遊。

讓心凝於一點，專注呼吸，體驗當下的樂趣。

什麼都不做，哪邊都不去，卻可以找到什麼都能做、哪邊都去得的力量。

外面其實沒有別人，當下就是威力之點。只要你找到與自己獨處的快樂！

7 真實的修練

人常常會有三種心理狀態。第一種狀態是積極的，富有進取心的，很興致勃勃、熱情的，勇敢表達，勇往直前。在這樣的狀態裡面，他就像火車頭，就像加滿汽油的汽車，好像可以成就一番大事業。

第二種狀態，他處於一種非常自卑、自憐、瞧不起自己，覺得自己不配的狀態，對人生充滿了懷疑，做任何事情總是裹足不前、猶豫不決；他覺得自己十分渺小，覺得他的生命微不足道，所有的成就、所有的能力對他來講，是遙不可及甚至是騙人的玩意兒，如虛空當中的幻夢。

這二種狀態，是鐘擺的兩邊，兩邊都不是正常的狀態。不管你覺得會成功或是會失敗，你都是對的。但絕對成功或絕對的失敗都是不正常的，也是不存在的。

只有當下才是存在的——這是第三種狀態。你可以在人生中一定的年紀領悟到，對一切內在與外在「不渴求」、「不逃避」、「不抗拒」，進入「無尊無卑、無上無下」的意境，然後就會真正明白「大自在」是什麼樣的滋味。從「世界是平的」進而意識到「宇宙乃是虛無」。在這個狀態中，你會沒有分別，也沒有執著，看任何事情都是中庸，非常的寧靜超然，一切事情自然而然胸有成竹，不躁進、不著急，對事情看得很透徹，了然於胸卻不多話。

不用說，你一定會想要挑第三個，中庸、超然、寧靜。可是，生活和工作一次又一次的要把你往天平的兩個極端甩。我們都會有感覺到自己很渺小、很糟糕、很沒自信、很無能的狀態的時候。也的確，如果把我們拿來跟神作比較，我們目前的所作所為，所謂的成就，確實是不怎麼樣。

簡單的承認我們根本就沒有發揮全部的潛能。能簡單地承認就好，很多人很痛苦的地方在於：他不願意「正確的看」，因此不容易看出所有的真相，包括那些醜陋的；他不願意正確的看，甚至於正確的看了，又視而不見，或是看見了又不願意承認。像是有很多人其實是驕傲的，卻不自知，還以為自己很謙卑。

在催眠的過程裡面，當他一發現自己的盲點，也承認了，整個石頭就放下來了。

他告訴我說：「明杰，從來沒有人用這樣的方式跟我說話，從來沒有人敢對我說：我很驕傲。」我說：「對呀，從來沒有人敢講，從來沒有人會對你說，所以你從來沒有意識到你有這樣的狀態。」然後他又說了一些話，我說：「你聽聽看，你這話夠不夠驕傲？」他才恍然大悟，因為終於覺察到了。

當你真的是用一顆寧靜超然中庸的心的時候，你會看到很多真相，許多人的心靈在你面前會變的非常清晰。這是人的潛能，當遇到前面講的那兩個鐘擺的狀態，我們的潛能就是：慢慢慢慢地回到中道，就像鐘擺擺到最後，它會一直往中間靠攏一樣。

那怎麼樣加速，讓自己的心靈從鐘擺的兩邊快點回到中間的位置呢？當你找到這個方法，你的潛能就會因此而發揮了，那個時候就會知道，「天吶，我跟神還真像，我真的跟祂一樣是具有創造的能力！」讓這個鐘擺往中間移動的方式是什麼呢？就是反省，用靈性的語言講叫做覺察。

所謂的覺察，不是只是去發現、知道在做什麼或為什麼做，而是進行深度的反省。其實一個人會不會深入的反省，就是他的心靈是否處在健康狀態的依據。

有些舊的貴人，他們功成身退了，完成階段性的任務，要讓他們空出位置，讓下個階段你所需要的貴人能夠出現。

有時候我們會一直悲傷，感嘆那些離我們而去的人或事，或是那些我們從來沒有得到的東西。事實上，生命當中，只要你回過頭靜下心來想，你會發現，一切都是最好的安排。

☆愛自己

如果你真的意識到你的心靈，你就會知道，要讓祂保持平靜、安穩是多麼的重要，因為當我們的心焦躁、惶恐、焦慮不安，整個人連頭腦都會當機、都會恐慌、都會失常。當你心慌，一定意亂。心是心靈，意就是頭腦，心既然都慌了，頭腦就一定難免跟著亂。

所以，意要能夠不亂，心絕對不能慌，要安靜和超然穩定。如果我們時常關注我們的心，爭取到我們這個心靈的寵愛，你就可以在獲得這個世界對你的愛之前，先自愛，然後你才可以獲得別人對你的愛；如果你沒有得到自己心靈的寵愛，就算你獲得全世界的愛，就算你成功後，也有可能會開成功的倒車。

☆認出「金錢能量」

「創造金錢」是大多數世間之人的願望，但很可惜，除了中央印製廠或是鑄幣局，你根本無法「創造」金錢。你只能「吸引」，人們用另外一個名詞來取代「吸引」，叫做「賺取」。有些人總是能看似不勞而獲的「吸引」到賺錢的機會，有些人則要鑽山打洞才能勉強有餬口的可能。這其中確有不為人知的「祕密」，但沒你想的那麼神祕。「不勞而獲」的事不存在，畢竟不要錢的最貴，但「事半功倍」是必定可以做到的。

要讓平行宇宙形成可以投射而出的金錢，首先必須要有「與金錢相同」的頻率，如果你恨錢，討厭錢，便已經不在那頻率上，在「賺取金錢」上就會遇到較多的阻力。不幸的是，許多人是被迫、無奈的活在金錢之下受制著，於是很難愛錢。

你首先要愛錢，就像你愛其他你所愛的一樣；然後你得「相信」你值得擁有金錢，深深的相信，沒有懷疑，透過覺察你自己的語言，就可以知道你的相信有多少。這其實已經不是新觀念，但就像所有「愛的課題」一樣的不被多數人了解。事實上，如果你的頻率已經與愛同行，那麼與一切「合一」的狀態便會出現。你就是錢，錢即是你，萬物所形，亦復如是。

愛金錢的關鍵是「愛」不是錢，錢只是被吸引來的附屬品。如果一個人心中沒有愛，那麼在二元世界中，除了用「與愛相反」的方式，我想不出其他獲得金錢的方法。

對金錢與其他一切有愛，是讓自己處在正確的吸引頻率上，你必須要先調對頻率才能收到你要的。這是第一步。再來是「認出」你周圍的「金錢能量」。不論是已經具體成型的物質，或是不具形體而以「機會」、「態度」、「方法」、「價值觀」、「意念思維」、「靈感」、「慈悲」、「愛」……存在的「純能量」。好消息是，這些「能量」常常是免費供應；很可惜的是，這些無上價金的「純能量」，其價值常被小我的頭腦誤判，甚至是擋駕。

當你調對頻率，又能認出這些不具形體的「金錢能量」，你便可以開始著手，讓這些能量透過「行動的落實」去創造金錢。「堅持」與「行動」在這過程中，會發揮其莫大助力！人類所有的文明與躍進都是這樣而來的，你不能只調對頻率卻不行動，也不能認出該能量後卻懶惰。懶病沒藥醫，「創造」是一種身心靈和宇宙一起合作的遊戲。

☆心怎麼變大？

當你有任何「被冒犯」、「被觸怒」、「看不順眼」的時候，問自己：「我喜歡這樣的自己嗎？」然後千萬別說話。因為此時脫口而出的話語都帶著刺。也許你就是想說點什麼傷害對方，這個時候就需要一點點的自制力了。

情緒會消耗大量的能量，讓你疲倦又無力，這實在是沒有必要的浪費。相較之下，我相信你會更喜歡和諧與平靜的眼神、表情和心情，因為那會讓你的一切變得更好，讓事情可以更順利。

想一想，有多少次，你在情緒平靜以後，才發覺剛才的憤怒不爽有點過頭？有多少次你得收拾自己情緒發洩之後的殘局？有多少次，你其實後悔了那樣的發洩？再感覺一下當下的自己，是否怒火攻心、宛如身處地獄？然後告訴自己：「沒有下一次！」

這些練習我建議在每一次的「不爽」後做。不要忘記，生活中時時刻刻都充滿「讓我們練習使自己更好」的機會。當然，你不會每一次都成功，但不要緊，不要把自己逼得太急，本來就沒有人可以一次到位。但隨著你一次又一次的練習，透過你周圍的人，你會逐漸看見自己的進步。

一開始，你可能會用「忍」功。但是壓抑不是個好方法。忍多了會消化不良，最後還是要釋放。忍耐只是加壓器，讓你自己更快爆炸。有人常說：「不要生氣。」偏偏人在修練未臻完全時，就是會有各種情緒，情緒一來，叫你不生氣就像是叫你冬天別穿衣一樣，沒幾個做得到。你也許聽過：「只要心量大，再大的氣也都可以消弭。」這是真的。

心是個無形無相的東西，怎麼變大？就像你無法增加太陽的光芒一樣，你無法使心量變大。心就像是宇宙的虛空一般無量，沒有極限。但被頭腦深深宰制的你我，無法想像和相信你的心可以像宇宙般寬廣。

假設心的空間是有量、有限制的，能容納的就那麼多，你能忍耐的就那麼多，不能增加心量，那麼就刪減在其中的東西吧！你要的豐盛、富足，也都和心靈的空間有關，所以坊間有很多教你要你清理、釋放的方法。

先把家裡屬於物質的垃圾清了，雜物收好，室內整理好。你會發現，外在的環境會使你神清氣爽，你的心量也會因此擴大，發怒的機會自然就會減少，或至少，發怒的張力也可以減緩。

物質世界與心靈世界相通，當外部世界清出一些空間，內在的心量也就自然大了。內與外，一直都是平行的。

☆不樹敵

小人到處都有，要避免小人最好的辦法就是別當小人，頂著一顆清明的心，來到你面前的都會清清楚楚，就如同明鏡湖。別跟小人犯沖計較，小人之所以小，正是因為量小。這樣的人激不得，一激就急，一急就來個玉石俱焚，就算不玉石俱焚，也夠讓你討厭的了。

沒聽過「君子報仇三年不晚，小人報仇十年不斷」嗎？小人有時候是我們的驕傲激出來的，敵人的出現也往往是我們搞出來的。把自己的心搞定，自己的世界就會安靜許多。尾戒還是可以戴著，高興就好。至於防小人的事，還是靠自己的好。

因為年輕，有時候我們會選擇樹敵、對立，不單單是因為情緒，更多是因為好鬥的性格讓我們覺得「可與之抗衡」。隨著年齡增長，性格蛻變，你開始願意把當年的敵人變朋友，所有過往的恩怨，盡付笑談中。這不全是因為氣血已衰，而是氣量增長。越接近生命的終點，越明白，世間沒有絕對的對錯和永恆的對手。那何不放下呢？一個跟你對立半輩子的對手，要是跟你沒有一點相應的感情、相似的個性，斷不能交手數十年的。

多個朋友不一定多條路，但肯定少堵牆。那也就是為自己後半輩子開路了。能做到「以德報怨」、「以善報惡」、「愛你的敵人」，不是因為讀了什麼書，也不是因為信了什麼教，純粹只是人生的閱歷到了，明白功過是非、恩怨善惡，一切不過就是鏡花水月一場。無來無去也無失無得，在自然無怨無求中，用最初心的善與單純，去做些該做、能做的事，如此而已。

如果你一定要樹敵，請慎選。有些人不配，有些人不值。至於你自己，不該。

☆不要再說「可是」

如果你靜下心來審視自己的生活，發現眼下有著健康的身體、不富裕但足夠的錢、和諧的人際關係、愛你的家人和伴侶，以及最最重要的「未來的希望」，請你一定、務必要珍惜，這可能已經平淡到讓你無感、讓你理所當然的幸福。因為很多人眼下沒有這些幸福，甚至連未來的盼望都沒有，但是還要想辦法在不幸福又沒希望、有如黑暗的日子裡生存下去。

有些人「人在福中不知福」，要什麼有什麼還滿嘴「可是」。不要老是把「可是」掛在嘴上，人生沒那麼多「可是」。知足吧！「可是」是全世界最負面的用詞，把之前所說的完全否決。一個享有幸福卻又滿嘴「可是」的人，那幸福是不會太長久的，都被自己否決掉了。

我們學習過心靈的觀念知道，「幸福」是可以由內而外創造的，但很多人不知道，他們仍冀求生命由外部發生改變。如果你已經知道了這個祕密，請你告訴他。讓自己成為他人生命的禮物，成為自己生命裡的光行者。

至於一些已經活在如第一段所說的幸福裡的人，請不要大開幸福的倒車，親手做出扼殺眼下平淡幸福的蠢事，然後還將這樣的結果歸咎他人……是的！我知道很多人衣食足、懂吃穿、有些錢、有點型後，很可能開始對日子裡平淡的幸福視而未見，開始對周圍原本不應屬於自己世界的物品展開貪婪，開始對身邊的物資失去了珍惜善用的感恩之心。

這些都會讓你眼下的幸福一點點流失而非增益。帳戶最後總是會結清，這個帳戶保證不會「富者恆富」，如果你的生活一直打 R 檔。

☆停止鑽牛角尖

「Why? Who? When? Where? What? Want? How?」以上大概占了一般人頭腦活動的九成。充滿著條理、邏輯、動機、目的性和欲望……頭腦消耗了大部分的能量，心的空間便被壓縮了。

許多事情，頭腦想不通的，就別想了。許多人，你琢磨不出的，就別瞎猜了。沒必要拿別人的事折騰自己。時間到了你就會知道，日久不一定生情，但一定見人心。事久不一定熟悉，但一定明白。事是變異的，人心是浮動的，參透這一點，牛角尖、死胡同還在，但就自然不鑽了。妙的是，往往當你不鑽了，在某個吉光片羽的時刻，結就解了，答案就出現了，東西就找到了。

這就是「放鬆」的作用。試想，當你的心臟舒張，血液就回流；當你放鬆，你要的就會更容易來到。放鬆其實就是「用心」的前奏，用心的做一件事只是單純「愛」做，而不要有另外附加的企圖與目的。

單純可以很簡單，像孩子一樣單純的去做、去想，這就是為道日損、回復赤子之心之路。對孩子來說，心想事成總是比較容易。做孩子吧！

☆繼續面對與負責

如果電腦的檔案內容很亂，為了要完成工作，你會開一個新檔案整理它。如果一個事業體狀況只有一個糟字，為了要生存，你會另起爐灶。如果一台車子總是毛病百出，為了要方便，你會換一台車開。

這世界上很多東西你都可以換掉，甚至是國籍都能換。但是腦袋你換不掉，家人你換不掉，靈魂你換不掉。能換掉的都不重要，換不掉的要怎辦呢？

腦袋不用換，用學習升級就好。家人不用換，用態度改變就好。靈魂不用換，能活在當下就好。

然後你什麼都沒換，人生境遇卻換了。

靈性的觀念正說反說都能成圓，許多人在當中找到逃避的藉口和不負責的理由。偏向傾斜的腦袋，企圖用華麗的靈性詞藻掩飾不當的思言行，然後合理化的繼續著。

知識使我們擴大知見，那是紙上的，真刀真槍落實才能使知見形成經驗，否則任何靈性層次的描述或是境界的詞藻描繪，都如空中樓閣的虛幻。

需要注意的是不要落入「頭腦」的陷阱，頭腦沒有不好，它只是工具，工具不用就得放下。到哪都拿著工具，就算不瞎也挺累的。

☆做你愛做的事，愛你所做的事

把那些企圖動搖你的人事物都當成看不到、聽不到、感覺不到，或是離得遠遠的！當然我不是叫你不要理媽媽，我的意思是：不要理她的看法，持續做你自己該做的！一直做，直到出現令你自己滿意的成績，不要管別人怎麼看你。

一個充滿自信的人，一定也有不在乎他人的勇氣。如果你還在培養自信，那麼，這個突破的過程會幫助你累積自信。

「不理會他人的眼光一直做」，這是「堅持」或是「執著」呢？在前進中保持彈性，這是對方向的堅持，僵化呆板就是執著了。會無法堅持半途而廢，是因為「不愛」、因為「痛苦」。當你做你愛做的事，你不需要堅持，可以一直做它。反過來說，當你「去愛你做的事」（不管那是什麼）時，你也可以一直做，而沒有堅不堅持的問題。至於你願意嗎？以及你願意去愛什麼，那是個人自己的選擇。人生就是一連串「選擇」的集合。

突破舒適圈最怕拖延，但請繼續拖，拖到你自己都受不了或是別人受不了。畢竟你不是自己決定要改變，就是被外界逼著去改變，而前者容易多了。

人會努力裝備自己往高處爬，一點都沒有錯，你或許不能決定起點，但是上帝把過程和終點的選擇權交給你。

改變自己並不容易，它需要花許多的時間、精神、心力、努力，還要面對過程中他人和自己的質疑，以及諸般的委屈、苦痛。這一切，如人飲水點滴在心頭。

每個人的生命都是一本書，一本寫不完的書，裡面都是真人真事。至於是一本勵志書還是散文、小說，就決定在你每一天生活的態度。

☆大膽的向老天要

不問回收的付出、寬宏大量、認真負責、樂善好施，都是累積德行的態度。如果你自認你是這樣的人，那麼「臉皮薄」和「不好意思」，可能只是過往被植入的犬儒信念反映在外的行為表現，甚至在經年累月之下，形成打不破的價值觀。這套價值觀系統告訴你「我不配得」、「我不值得」、「我不夠好」，讓你覺得，拒絕好處和利益才會讓自己比較安心，即便那是你應得的。

如果你過去很常這麼做，那麼你已經累積了足夠的福報與造化。過去你只是不知道你正在累積德行與福報，更不知道你累積了多少。有一個辦法可以知道——去要！

大膽的要——向老天要，告訴祂：「我是一個正直善良、認真努力負責的人，我值得擁有更好的生活品質。請把應屬於我的那一份財富和創造財富的機會給我。」

大膽的要——向你服務的對象要，告訴他：「我的時間、經驗、專業都不是免費的，你需要我的話，必須為此付費。」理直而氣和。

你過去累積的福報和造化，必須要你發自內心的認為你值得、你要，才會真正到來，並且屬於你。否則錢在一個自認不配得的人手上，會想盡辦法離開，於是那人會像錢在咬他一樣，很快地又把錢花乾淨，始終只能是個過路財神，無法真實富裕。

真實的富裕來自內心，只有當你累積足夠的造化，並認為自己配得，然後開口要，財神才對你施以微笑的賞賜。不要只知道厚道，還要厚臉皮。

☆讓你的頭腦安靜

「心」一直是一個具有爭議性的字眼。在談論「身心靈」時，你很清楚知道，此心不是指心臟，然而祂是什麼呢？靈魂嗎？不，靈魂無形無相難以檢驗。既然心包含你的整體，現在你可以把「心」定義為你全身上下無所不在的DNA，這個DNA不僅僅連結你的靈魂，也與蒼天連線。

不論是東方或西方的書籍，對心靈的探索都有所不同。古代東方的很多書籍都談到，宇宙把祂自己的偉大的意識、偉大的心靈濃縮或是分裂，然後降臨，成為我們每一個人的靈魂。西方的書籍用西方的科學觀則是不以為然，他們覺得心靈不存在虛空當中，心靈在腦子，也就是頭腦。西方認為，人一旦死亡，頭腦沒有了，心靈也沒有了。

事實上，西方人的觀念或許是對的，只是談的不是心靈，而是心智。心智是頭腦，頭腦會思考，但頭腦不是靈魂。我們的肉體是不能夠創造心靈的，但心靈卻是創造我們肉體的原動力；心靈是肉體的種子，肉體死亡了，可以消滅、可以燒成灰，但心靈可以再創造另外一個肉體。

不要太看重你的頭腦，所以我才說要放下你的頭腦，讓你的頭腦安靜。我們的頭腦，只是一個器官，如果你把它拿去做分析，它含量最多的那個東西叫脂肪。頭腦指包含身體的各種器官，可是心靈確實是神的意識。

每一個人都是神的小孩，這一點你沒辦法透過你的頭腦得到印證、得到解答，或是強迫頭腦相信，頭腦不能理解的，所以無法在頭腦裡面得到答案。直到有一天那個神祕的時刻發生，你真的意識到：「是啊，是啊，我就是神，我內在有神識，是啊，我跟祂是一體的，我跟祂沒有分別的。」

當那個神聖的時刻、特殊的時刻來臨，你意識到這一點的時候，你整個人就改變了。

☆傾聽你心靈的回答

我不斷地每天對自己說：「我是十全十美的，我是一無所缺的，我是了無遺憾的，我是宇宙最完美的創造物。」一次又一次重覆這個說法，持續一整年。在一開始，我幾乎覺得自己是笨蛋。

你還可以為自己編寫任何形式的語句內容，例如：「我是神聖偉大不可撼動的存在，我比過去我所以為的自己更加的強大！」或是「我是有史以來最……的人」。

頭一個禮拜，我根本覺得自己是笨蛋，腦袋裡面會出現好多好多的雜念、好多好多的批判。「你不是！你不配！什麼十全十美？看看你一身髒污！看看你過去那些亂七八糟的紀錄！你看看！」我那個 ego 出來批判我，所以唸出來的聲音都有氣無力的，很像我犯了多大的錯一樣。

其實我是一個力爭上游的人，可是我的 ego 居然讓我卑微渺小到這個樣子，我立刻意識到這個現象！天哪，不喊不知道，一喊嚇一跳！原來。我看自己是如此的卑微啊！這怎麼可以！

第二個禮拜接著喊。那個ego的聲音有慢慢減少了。第三個禮拜，我接著對自己這樣說，我是十全十美的，我是沒有匱乏的，我是盡善盡美的……第四個禮拜說，第五個禮拜說。

就有那麼一天，很神奇的，當我正在騎摩托車，一邊在安全帽裡出神的重覆唸著這些字句時，我發現我的「裡面」好像發生了一個神奇的事情。

在那個很奇妙的瞬間，我忽然覺得，一切都靜止了，我眼睛看到的景象都變成慢動作，時間沒有停止，車速沒有降低，但我似乎進入了平行時空。霎那間我領悟到，我一切的不順利都會被弭平。

當時的我有很嚴重的各式各樣的問題，事業的問題，工作的問題，情感的問題，財務的問題……好多好多問題，在那個瞬間，我真切的知道這一切都有解答，這一切都會過去。那種「相信」其實就是「無條件的篤信」，像是理所應當、本當如是（就像你晚上入眠時「毫不懷疑隔天會醒來」這樣的相信）。我感覺到有一股邪惡的力量離開我的身體，感覺我頭上的陰霾烏雲散去，看到了陽光。這是一個自我重覆、正面暗示的一個很神奇的過程。

我建議大家可以試看看。這是一個你給你自己的咒語，在你的ego開始喋喋不休之前，請你先用一個很正面的字句，先對你自己喋喋不休吧！然後慢慢的，當你的ego靜下來，你就能夠touch到你的靈魂。恩寵祂、照顧祂、呵護祂，然後告訴祂：我將借用心靈祢的力量，祢願意跟我一起，我們來將這個人生重整得更光輝燦爛好嗎？然後請你好好聽一聽你的心靈的回答。

0 靈性的七道螺旋引力

我們從很小的時候就誤解了我們這一生要做的事。我們誤解了人生，不知道靈性其實是我們與生俱來的才能和天賦，這個才能天賦可以幫助我們，在靈性跟物質上面去獲得我們所需要的。可是我們一直都不曉得，而是花了好長的時間才知道。

然後我們一直以為，我們的任務是要重新去發現或是創造我們本來就已經擁有的東西，就好像有個寶石就一直掛在你胸前，從你出生就掛著，但因為它與生俱來就跟著你，你根本不知道那個東西是寶石，你甚至根本就忽略了那個東西。

然後你終其一生都在找那顆寶石。所有人都告訴你：那個寶石不在你身上。因為別人看不到，而你也對它視而不見，所以一輩子對外尋尋覓覓。直到有一天你忽然覺醒，低頭一看才發現，那顆寶石好端端的一直以來都掛在你脖子上。

我們每一個人都有自由意志，全部的、完整的、絕頂聰明的各種材質，只是我們不知道，或者忘記了，或者不承認我們配、我們值得。這些完整的絕頂聰明，是宇宙這個造物主賜給我們的。祂從不會創造垃圾，所以祂給你的已經是最完美。即便在你眼中看似殘缺的，你還是最完美的，因為祂不會給你不適用的東西，祂所給的都是於你最相應、最適用的，剛剛好都能夠配合你此生最崇高的利益。

可是很不幸，因為我們擁有自由意志，而這個世界有很多人想要主宰你的自由意志，於是我們被當作無知一樣的進入了「人類生產線」，從小統一的穿制服，統一的剃一樣的髮型，統一的讀一樣的教科書，統一的參加考試，統一的進入社會，統一的上班。

我們糊裡糊塗的長大，就好像瞎子在開汽車一樣，莽莽撞撞糊裡糊塗，會發生什麼事，我們自己都不知道，一切得憑運氣。我們不知道哪一個踏板是油門，哪一個踏板是剎車，當我們有意識的時候，車子已經前進了，停不下來！

怎麼樣能讓你真正安靜下來聆聽你自己的心？怎麼樣能真正讓你心定下來看看周圍的景色？你沒辦法讓人生這台車停下來，你要怎麼樣讓你的人生剎車呢？唯一剎車的方法，大概就是撞車了吧！這是為什麼很多人通常是在遭逢人生巨大的創傷、疾病或是巨大的改變之後，才會停下來省視自己的內心。

在那一刻到達之前，你都用自由意志，用你的聰明才智，用你的頭腦，覺得可以掌控、可以操弄、可以設計你的人生。我們其實是濫用了老天給予我們的自由意志，我們誤用了這個絕佳的禮物，讓這個很棒的禮物也成為我們人生最大的詛咒。

☆第一道螺旋引力：渴望成為一個好人

首先，你很有可能在生命當中的某一剎那，忽然間覺得，這樣過日子好像不太對，「我為什麼要這樣子過呢？」你開始產生疑問。或是，你開始會問：「我是誰？」、「我一定要這樣過日子嗎？難道不能有別的方式嗎？」你可能開始產生這些問題。

這個階段，你會渴望自己走在對的路上，揚棄錯誤、做對的事情，渴望讓自己成為一個很好的人，讓自己做正確的事情，渴望能夠步上自己的天命。你會想當好人、好男人或好女人、好員工、好老闆、好丈夫、好爸爸、好國民……

可是偏偏也是在這個階段，你最容易對自己感到無能為力，常常陷入兩難，常常思想前後不一，矛盾叢生，在愛自己和愛別人、配合別人中搖擺不定。也往往，最後你會選擇世界對你的教導——順應、配合、乖巧、聽話、給予、付出，卻忘了自己。然後你沒有了主見，沒有了聲音，沒有了脾氣，成為一個濫好人。

這時候你還不知道「做一個好人」不同於「做好一個人」。為什麼？因為這個時候的你，眼睛剛睜開，就跟你早上剛醒過來一樣，睡眼惺忪，眼睛還是矇矇的，頭腦還是鈍鈍的。沒錯，這個時候還是個渾沌階段，一方面要解決各式各樣的外在混亂狀況，又有很多內在思想上的衝突跟矛盾，每天都處在內心的戰爭當中、矛盾當中、鬥爭當中。

這個階段有哪些特色呢？

靈修一段日子後，你會發現奇蹟般的好運消失了，彷彿未曾有過，取代的是種種的不順、疾病、意外與困頓。這一切究竟是怎麼回事？不是在精進中應該要越來越好的嗎？不是越修應該越要心想事成嗎？

你從哪裡來的這些想法？誰告訴你的？你怎麼這樣天真？

你只是稍微做了點身而為人該有的本分，卻認為老天該理所當然的給你許多。老天沒有欠你什麼，也沒答應過你會心想事成、一帆風順。而且，捫心自問，你道行的程度，真的讓你值得老天的厚愛嗎？值得受祂的奇蹟多久？

在這個階段，你會遭遇到一個很巨大的矛盾，就是：過去被教育，或者你也當過的所謂的好人，做所謂的正確的行為，那些會讓你覺得舒服、覺得快樂，會讓你在精神上覺得很棒的，但在第二階段面對現實生活的時候就會發現：「哇，怎麼好人總是吃虧呀，怎麼好人總是被欺負啊，怎麼我做對的事情，我每一次都蝕本啊，好像總是得不償失？好人不能做啊！」可是你又不願意讓自己成為壞人，雖然蒙受損失，雖然被欺負。

你打從骨子裡面希望自己做好人，希望自己做正確的事情。但有時候做正確的事、做善良的事，你什麼都沒有得到，唯一得到的回報就是「知道自己是一個很棒的人」這樣子而已。但也因為這樣子，你越發覺得表現出正直善良，讓你越灰心、越沮喪、越氣餒。為什麼？

因為越堅決想要表現是個好人，越堅決想要做正確的事，就越容易在外界受到各式各樣的挫折打擊，讓他心灰意冷。生命開始對你進行「試探」、「考驗」。可是你內在還是堅持「我是對的，我要做一個好人，我要走正確的路」。

這個階段的你，可能會有著自以為是的善良，用自以為是的「好」去強加別人身上，甚至是討好。你沒有辦法容忍一些旁門左道、心術不正、一些歪七扭八的東西，你沒有辦法接受，你覺得有病的人和邪魔歪道才會有那些想法。

在這個對「好」有著強烈自以為是的階段，你最大的不快樂來自於對很多「認為的不好」有著強烈的不接受。對你無力改變的事不接受，成了你最大的痛苦。

這個階段的你，處在二元的兩個極端裡面，非黑即白，非陰即陽，非好即壞，不是敵人就是朋友，你的世界很扁平，很簡單，很兩極。「兩極」，只是你看這個世界最渾沌的一個方式。這還只是第一階段，我們稱之為「托兒所」，像是三歲以前。

☆第二道螺旋引力：天使和魔鬼的鬥爭

在第一個階段是：「我以為我付出，我以為我給予，我以為我奉獻，我以為我吃虧，這都是我自願的犧牲。」但事實上，在第二個階段你終於明白，你所做的一切不是犧牲，而是一直在剝奪自己的權利，剝奪讓自己更好的權利。

過去的你拒絕承認自己擁有這些權利，拒絕承認自己也有需求，一味的對外「做好人」壓縮自己。你可能是個兒子，可能是個女兒，可能是個丈夫、妻子、老板或是上班族，當然你也有可能是政治家或者企業家、律師、警察……等，可能有各種外在的標籤，各種職業的標籤。

我們終於願意在這個階段承認：「嘿！我其實只是一個普通人，一個有天生的需求、基本需求很簡單的人。可是為什麼我過去一直以來這麼長期把我的這些需求擺在旁邊不管，要去配合別人、討好別人、迎合別人？只因別人需要，然後我就背叛了自己內在真心的需求和想法，背叛了我自己的本性。我真正犧牲掉了什麼？我的幸福，做自己的幸福！」

很多人心有戚戚焉是嗎？過去，長久以來，我們透過自我否定，透過很多謊言的遮掩，就像上一代教我們的一樣，我們告訴自己：「犧牲自我成全他人是高貴的！」我們以這些為藉口執迷不悟，結果真的讓自己成為犧牲品，然後在歲月之下，我們成為紀念品。體悟到這一點，可以說已經進入了幼稚園。

在這個階段，當你看清楚跟了解，你過去因為自己的和別人的有意無意的錯誤的誤導、欺瞞，或者是你自己的無知無智，而讓自己做出了這麼多荒唐、愚蠢、付出得不到回報的事情，你開始會覺得非常的憤怒，你覺得被利用、被壓榨，你氣別人，氣這個世界，也氣你自己。

你感到憤怒。熊熊烈火像是要復仇似的，你開始對這個世界咆哮不滿，憤世嫉俗，看周圍的人都令你感到邪惡和卑鄙。這個時候，你名副其實是個憤怒大嬸或是憤怒大叔，有犀利的眼光和伶牙俐齒，可以一眼就看出問題、指出毛病、說出缺點，甚至是故意這麼做。

你開始詛咒這個世界，謾罵這個世界的人和事，政治或公共議題最常成為借題發洩不滿的領域。當你唾沫如星點的罵完、或是在鍵盤上酸完，夜深人靜獨處的你，會有更強烈的內疚和疑惑：「我對於我會跟周圍的人有這麼強烈的憤怒、恨意跟情緒感到難過，之前還想著要當個好人，如今看來，我真不是個好人啊！我眼中的世界竟然是那麼糟，我不希望這世界那麼糟的……」你會有很多這種內在思想，天使和魔鬼的鬥爭，強烈的恨著這個世界，又看見這個恨來自你對生命真摯的愛。

內在的混亂矛盾到了一個臨界點，你會開始決定要理清楚頭緒、選邊站。在第二階段，信念跟價值觀在極度的矛盾跟衝突之後，會被拿上心靈的檯面上重新檢視，重新排列，重新評估。

☆第三道螺旋引力：選擇為自己活

在巨大的不平之鳴後，你會終於醒覺：「我如果不先寵愛我自己，怎麼能夠照顧好別人？我如果不能夠對自己做出奉獻，先愛我自己，我怎麼能夠去愛別人，並且對別人做出奉獻呢？」

是！終於！終於懂了！應該要回歸到自己身上，應該做自己，應該愛自己。我們不能夠活在別人的標準之下，如果活在別人標準之下，就像身繫囹圄、關在籠子裡面一樣，展翅也沒有辦法高飛。那個痛苦是長久的，誰都受不了。

「我不要，我要自由！」這個階段你開始前所未有的「渴望自由」。於是，你會開始改變，改變一些價值觀，你會開始接受你在第一階段渴望當「好人」的時候所沒有辦法接受的、最排斥的、最抗拒的那些，被你當時說卑鄙的、齷齪的、骯髒的一些思想所說服。這不代表你會做這些不討喜的行為，只是你開始可以理解而不批判。

你開始會接受一些過去你沒有辦法接受的手段、做法、思想、價值觀甚至於行為。這是一個人的變化由內開始外顯的時候，有時候一下變得太激烈，周圍的人會嚇到。在骨子裡，你是出於憤怒而接受這些以往排斥的東西，進而產生改變。可是當你接受這些東西之後，你又會產生更大的內疚。於是你就在憤怒的情緒和不斷的內疚這兩邊擺蕩。兩極化的價值觀同時存在你的信念系統，天使和魔鬼不時的交戰。

這樣的狀態暫時會是你的常態。當這個暫時拖得太久，你會做出一個結論，比如說這個結論：「不管是活在別人的期望中，戰戰兢兢、自我克制、如履薄冰，還是為了要表現自己、作自己、活出自己而感到內疚，兩邊都是一樣的痛苦。活在別人期望當中，很痛苦，要自我表現的時候，也要承擔很多別人的不接受還有外部的阻擋。這些都是痛苦的！可是我願意在兩個痛苦當中選擇為自己的表現、為自己的付出、為了愛自己而承受痛苦。」至少你覺得後面這種選擇，會為你的心靈，帶來一絲新的希望，新的感動、新的喜悅。

這一次，你在天人交戰的矛盾價值觀中選擇了「為自己活」，有一種面對聖戰的心情，又興奮又害怕。

現在更進一步的，你是為了自己的靈命，為了承擔你此生的功課，為了承擔你所立下的志向，而開始接受更多的東西。不是只有接受外界的事物，而是開始接受你內在的衝突跟矛盾。很多的框框因為接受而開始消融，舊有原則開始崩解。

在小我跟大我之間，你選擇接受大我。選擇接受大我有時候意味著，要承受一些在小我上的不習慣、不適應和痛苦、衝擊、內疚、壓力。但是這個時候你說：「我既然選擇要為我自己活，我既然要表現我自己的天命，我願意！我面對！我承擔！」

大無畏的勇氣因著對靈命的道途而滋生。你開始因為了解、接受，而開始為自己的生命承擔起來，進而付出行動去拚搏。這個階段我們稱之為接受的階段，也可以稱之為是負責任的起頭，開始為自己人生真正承擔起責任。

☆第四道螺旋引力：接受「非完美」

你開始明白「完美主義就是自我毀滅主義」。

當你沒有任何東西是不接受的時候，你當然是快樂的。什麼東西來到你面前你都接納，你不抗拒、不排斥、不否定。在這個階段，你開始會產生一個很巨大的力量叫做「勇氣」。真正的勇氣不是不害怕，是就算害怕也堅持繼續。

你真實的看見、承認你自己的價值，接納與滿足你自己的需要。（承認自己的需求很重要，否定自己的需求就等於否定自己的價值。很不幸，很多人不承認自己的價值與需求存在，很多人只是嘴巴上這麼說，但行為上完全背道而馳，行為上的都還是為別人活。）

在這個階段，你除了能夠承認自己的需要、承認自己價值的存在之外，甚至不害怕被別人批判，因為你對自己完全的接納，外界的評判撼動不了穩如泰山的心靈。

你很清楚：「我為自己的需要，為自己的存在，為自己努力而活。我有自己的信念，為我自己的價值觀而活，我沒有錯，朋友誤解或不理解，隨他們去吧！」儘管你一笑置之，也不談論，但你周圍的人還是會批評你、責備你、遠離你，甚至孤立你。

這也是一個更新人際圈的階段。心靈能量與你落差太大的朋友們不再適合為友，會自然脫落，有時候會帶來一些失望、感傷和小小的痛苦，但這對你的靈性之路是大有裨益的。正如同蛇類蛻皮，儘管過程痛苦，但為了成長，只能忍痛向前。

你在內在跟自己這麼說話：「雖然你們說我變了，雖然你們不再理我，但我不討厭你們。可能會有點小感傷，但我很快可以恢復。生命短暫，我不能再當睜眼的瞎子，如果我能夠再活一次，我要用我自己的方式、用我自己的標準來活。我不要活在這個世界的標準之下，不要活在你們這群人的標準之下。如果可以這樣讓我再活一次，我要為我自己活！」

在這個階段，你內在有一個東西剛萌芽，叫「無懼」。這個無懼因為剛剛萌芽，所以你還是會受傷，但是因為你的勇氣已經出現了，所以伴隨著就是你面對恐懼的行動和態度。然後你會因為突破一個又一個的恐懼，而感到越來越自由。

人生的困境和挑戰不會消失，可是你開始變得有勇氣去面對了，有勇氣承擔了，也不怕接踵而至的各種挑戰。通常這個時候是興奮又無懼的。雖然內心還是有小小的矛盾，但你還是會豁出去，因為你終於為自己活了。就好像剛剛回到廣大天空的蒼鷹。

☆第五道螺旋引力：成為真實的人

外在的改變，來自於內在某些東西的釋放、某些東西的清空。因為空間清出來了，他的內心就像磁鐵一樣，有空間可以容納真正對生命有益的瓊漿玉液。

空間的清理是一種對宇宙的宣告：「我生命中值得更好的！我已經清理出迎接屬於我美好的心靈空間。」所以空間是吸引、承載一些新的東西的一個必須條件。對於自己居所的整理、擁有物的斷捨離，可以加速這個階段的到來。

物品承載著記憶，當你清理過往留下的物品，你也等於清空生命的能量場，進而使心靈能量具有更大的承載空間。

當你釋放一些東西之後，基本上你會煥然一新。你的心就會像一個磁鐵一樣，吸引更適合你的、更能夠讓你心靈感覺振奮的人事物，有許多好事在這個階段會開始被你吸引。

我們都還沒有談到大家熟悉的「吸引力」，這個時候你會注意到，生活中好像一連串的出現一些小小的巧合，小小的奇蹟，小小的幸運，小小的幸福。好人自動出現、好事自動發生，「貌似」自動發生，其實是被你吸引過來的。在這個階段，你開始發展你心靈之道的自然的力量了。

你最深層的自己從過去「渴望當一個好人」進步到「渴望做一個真實的人」。在「圓滿與真實」的選項中，你會放棄表象的「好」和「圓滿」，而依循自己的心，走上最真實的道路。

在這個階段，你會要求自己說真實的話語，做實在的事情，不管人前人後，你對自己的這個要求會進入一種類似於宗教一般的虔誠，但又不失彈性。這個彈性讓你在遇上「圓滿與真實的衝突矛盾」時，可以取得做法和心態上的平衡。

由於你的心靈「又真又空」，於是出現了心靈的「吸引定律」。過去有過許多的心靈書籍談過吸引定律，但具體的修練與操作各家不同。對我個人而言，我自己實驗的結果是——「真空就是吸引力」。

你拿一包真空包裝的米，切開袋口時會聽見「滋」的一聲，那是因為袋內真空時，讓氣壓更大的外部空氣竄入發出的聲音，反過來看就是「真空」將外部的空氣吸入。如果你可以讓你的心靈維持「又真又空」的狀態，你就得以掌握這個吸引定律。

你會注意到：「我越有意識的帶著『放空後的真實』去引導自己的行動，我越容易超越自己。創造出來的結果，會超越我自己有意識的努力。」「用心」的作用，在此時初試啼聲。

由於你的頻率與上天同步，同頻共振的結果，就像是上天親自觸摸你一般。這個階段的你不論做什麼，都能做得有聲有色。靈光乍現的頻率激增，創意的併發、思路的邏輯和口條的清晰，會使你在工作與生活中如魚得水。

你就像是拿到一根小小的槓桿，這個小小的槓桿——「心」，會幫你像起重機一樣省很多力，然後達到更多更好的效果。你只是自然而然地去行動，卻發現那個結果常常會超越你自己過去舊有「頭腦模式」要全力以赴的努力結果。

你會驚訝的發現：我怎麼用更少的力氣和能量卻得到更多了？我怎麼好像沒什麼出力，然後事情出奇的順利？有些東西甚至是我已經放棄了、不要了，卻翩然而至、歪打正著。

這個時候應該是奇蹟展現、奇蹟萌生的階段。而你將領會，生命的存在本身就是宇宙的祝福！

☆第六道螺旋引力：寧靜地活在當下

這個階段是處在一種寧靜的狀態。真正的寧靜並不是耳朵裡裡外外沒有任何聲音，而是你的內心是處在非常和諧平靜的狀態，佛家常常會用「像鏡子一樣的心湖」來形容。

你不再對自己有任何目標上的逼迫，沒有什麼「非如何不可」的追求，也沒有多餘的欲望，「物來則應、過去不留」和「隨遇而安」會是這個階段的風格主軸。

在這個階段，不會有多餘的話語，所有說出口的，都發自真心而且必定於人有益。你承擔責任卻不發怨言，面對挑戰心中無懼。你可以任人品頭論足不盈於懷，常處中道與平衡。你對發生的一切不迎不拒、不忮不求。用《心經》的說法，這是一個「無罣礙」的狀態。這是一種真實的內在和諧。

你已經打破了對自己以及和對別人的期望，由於對一切當下都能滿足，沒有預期心態的投射，既不會責備自己為什麼做不到，也不會用同樣的標準去期待別人，所謂「不期不待沒有傷害」。沒有預期心態不只沒有傷害，還是對我們內心大有幫助的狀態，能讓人真正快樂。你可以看出人、事、物中的更多面相，然後永遠自動選擇對自己、對他人有益的視角和解釋。「重新詮釋」過往發生的人生事件，將會出現在這個階段。

現在，你進入了無分別的狀態。無分別不是心中失去善惡好壞的標準，而是你很清楚這些標準，卻可以不被這些標準拘束，沒有期待又充滿彈性的。你可以吃七星級餐館，也可以蹲路邊吃臭豆腐；可以開賓利，也可以搭公車。開賓利、吃七星餐館不會使你趾高氣昂志得意滿，蹲路邊吃臭豆腐也不會讓你感到低下羞赧。

當榮譽不再使一個人興奮追逐，卑下也不再讓你痛苦，你的世界是一望無際的平坦，除了平靜與快樂，沒有其他繁雜。你真正做到了用平常心活在當下，無入而不自得。

當你完完全全接納而沒有任何期待，也沒有任何分別，也沒有任何執著的時候，你會發現，你內心出現了前所未有的和諧感和喜悅感。這有可能是你過去從來沒有經歷過的平靜安寧，處在這種狀態之下的日常生活，會開始讓周圍的人感受到真正的慈悲，真正的同情，真正的同理心，真正的愛。

你會這麼做，不是因為別人覺得你應該這樣表現，也不是因為「如果我不這麼做，我就會很內疚、會不好意思」。過去總是對立的小我，這個時候轉而支持你、協助你。於是你完全心甘情願的奉獻愛，因為你完全清楚地知道你內心燃燒的火焰，那個愛的火焰不單在你身上，也在別人身上。

處在這個階段，就算是被他人欺負，被不當對待，你也可以不慍不火，然後充滿智慧的決定是要還以顏色還是要充滿彈性的四兩撥千斤。所以如果你真正是處在內心寧靜祥和的階段，當你遭受欺負時，不會再逆來順受，你內在的格局使你不會讓自己成為一個普世美德的受害者，你是自己美德的詮釋者，你很清楚「我有選擇的餘地」。

你是有選擇的，你很清楚的知道「我要的是什麼結果，我願意做出什麼樣的行為」。換句話說，你的目標是很清晰的，要什麼、不要什麼非常清晰，沒有灰色地帶，但是你的作法可以充滿彈性。在這個階段，「心靈之道」已經成為你思想堅定的一部分。

你做任何事情有為有守，有本有據，鏗鏘有力，不卑不亢。透過你不間斷的實踐心靈之道的修練，很多過去在你思想裡面模糊不清的東西越來越清晰，然後這個清晰的東西會變成你的一部分。

☆第七道螺旋引力：走在彩虹之道

在某個陽光遍灑的早晨，我在一場滿足的睡眠中醒來，和大多數人用渾沌迷濛的腦袋開始的一天不同，那是一種「醒來就是醒來」的直接開機狀態。

在這個「完全開機」的狀態中，我的鼻腔可以嗅到空氣中灰塵的味道，我的眼睛可以看到角落最細微的毛髮，我的耳朵可以聽見自己的心跳，甚至有一度我可以感知血液在血管中奔流的暢快。

剛睡醒的我十分訝異，為何自己頭腦是如此的清醒，感官是如此的敏銳。正在訝異中，腦中出現了一個對話的場景：鄰居牽著狗對我道早安。我不知道這個忽然出現的畫面是為了什麼，總之，這個早晨太奇妙了，我有一種彷彿是頭一次來這個世界的新鮮感，到處充滿著我的好奇。

我下樓吃早餐，盤中荷包蛋看來是如此的誘人，就連雞蛋特有的腥味對我來說都是如此的鮮明，但品嚐又是如此的鮮美。這時，一位經常照面但未曾對話的鄰居迎面走來，對我說：「你好！早安！」其實在他開口之前，我已經知道今天他會對我道早安……剛起床還躺在床上時我就已經知道。

我的眼目到哪裡，就立刻可以「聯結」並且「感知」，只要我發出意念。我甚至可以感知桌角的螞蟻發現桌上的麵包屑時的興奮，以及正在排隊買早餐的女學生今天早上其實是和媽媽發生過口角的……我的意識可以聯結，並且可以在聯結後進行「回溯」。如果你有看過電影《露西》，有一幕她坐在辦公椅上用手往左一滑，周圍的景色立刻時光倒流，情形就有點像那個樣子，只是發生在我的腦袋裡。

那是一個無法形容美妙的一天，實際上是短暫的幾個小時。不管走到哪裡，我都確確實實的感知上天與我同在，因為祂的手根本就是托著我，讓我兩腳輕盈地在地面行走。腳會輕盈是因為心靈輕盈。一種前所未有的放鬆自然，雙眼所見盡是合一與美好。

這樣的「狀態」第一次出現，距離現在已經有十餘年，至今出現過十餘次，但可惜的是，這樣的狀態始終無法長存，稍縱即逝的它無法被抓取，無法被儲存，無法被複製，無法被占有。它就像是彩虹，我瞬間明白，為何有人會將「求道」之路稱為「彩虹之道」。

之所以命名為「螺旋引力」是因為，在過去的幾個階段，我始終在各個過程中來來回回上上下下，有時候自己都搞不清楚自己在哪個階段，因為在靈性的道路上，並不是每一次都有清楚的徵兆或指標。但在這十餘年中，「彩虹」始終間隔一段時間就會出現，讓我置身那極樂至福的美好之中，就像讓全身的基因重新排列、細胞重新組合，徹徹底底的「再次」重生，成為一個新造的人，以便我更加精進。

「彩虹」是屬於靈性的第七個階段。見到「彩虹」，並不意謂著你人生的苦難會減少或是挫折會消失，而是苦難的苦味變甘美，挫折的感受變安適，苦難和挫折再也不能影響你內在恆常的喜悅和平靜。

在這個狀態下，你的眼睛如孩童般清澈，你的心靈如湖水般映照萬事萬物，或許仍會聽見謊言，但你心中會出現真正的實相。你可以「感知」周圍的萬事萬物，但出現在你心底的只有愛和慈悲，沒有壞的事情、壞的人和壞的概念，你接納一切！

看著一切都是圓滿完美的你，滿心歡喜如登極樂。

如果要形容，我想人類的語言當中沒有可以形容的，勉強要用，可以稱之為「愛」、「寧靜」、「超然」、「喜悅」的集合。那是一種早已經超越了二元性的分際，直奔宇宙的深處。沒有卑微低下，沒有讚美榮耀，沒有悲傷、沒有渴求、沒有抗拒，如同宇宙中的星辰，超然地在億萬光年外兀自閃耀，配合著宇宙萬物的生滅，既聽不到讚美，也不會有人悲嘆，孤單卻不孤獨，貌似渺小卻極浩瀚。一即一切，一切即一。

在這樣絕對的超然中，你同時處高位又同時處低位，你一方面可以用最大格局的視角看出實相與全貌，一方面又甘願落地匍匐親吻土地，感知、陪伴、同理……在這樣的狀態中，成功和失敗失去了意義，羞辱不能使他自卑，榮耀也不會令他驕傲，臉上除了清澈慈悲的雙眼，再露不出帶著情緒的表情。平等、博愛、接納的狀態超越了概念、信念、價值觀，成了他本來如是的存在。

在這樣的狀態中，你是你自己的主人，然而你已成世界，你也是世界的主人。你仍活在世界，但已確確實實超越了這個世界。

在這樣的狀態中，你理通一切，心通萬有，無欲無求，但並非無事可做，你將代替上天將你的感知領悟傳承，那些遠遠超越世俗的洞察和智慧，只有和你心靈相通的行者可以感悟微笑。

國家圖書館出版品預行編目 (CIP) 資料

靈售力：你不會得到你想要的，你會得到你相信的 / 謝明杰 著 -- 初版 . -- 臺北市：商周出版：家庭傳媒城邦分公司發行, 2019.10

面； 公分

ISBN 978-986-477-728-0（平裝）

1. 心靈學 2. 靈修

192.1 108014577

靈售力：你不會得到你想要的，你會得到你相信的

作　　　者　謝明杰
責 任 編 輯　徐藍萍、賴曉玲

版　　　權　黃淑敏、吳亭儀、翁靜如
行 銷 業 務　莊英傑、王瑜、周佑潔、黃崇芝
總　編　輯　徐藍萍
總　經　理　彭之琬
事業群總經理　黃淑貞
發　行　人　何飛鵬
法 律 顧 問　元禾法律事務所 王子文律師
出　　　版　商周出版　台北市 104 民生東路二段 141 號 9 樓
電話：(02) 25007008　傳真：(02)25007759
E-mail：ct-bwp@cite.com.tw　Blog：http://bwp25007008.pixnet.net/blog
發　　　行　英屬蓋曼群島商家庭傳媒股份有限公司城邦分公司
台北市中山區民生東路二段 141 號 2 樓
書虫客服服務專線：02-25007718　02-25007719
24 小時傳真服務：02-25001990　02-25001991
服務時間：週一至週五 9:30-12:00　13:30-17:00
劃撥帳號：19863813　戶名：書虫股份有限公司
讀者服務信箱 E-mail：service@readingclub.com.tw
香 港 發 行 所　城邦（香港）出版集團有限公司　香港灣仔駱克道 193 號東超商業中心 1 樓
E-mail: hkcite@biznetvigator.com　電話：(852)25086231　傳真：(852)25789337
馬 新 發 行 所　城邦（馬新）出版集團 Cite (M) Sdn Bhd
41, Jalan Radin Anum, Bandar Baru Sri Petaling, 57000 Kuala Lumpur, Malaysia.
Tel: (603) 90578822　Fax: (603) 90576622　Email: cite@cite.com.my

封 面 設 計　維莉圖像設計工作室
印　　　刷　卡樂彩色製版印刷有限公司
總　經　銷　聯合發行股份有限公司　新北市 231 新店區寶橋路 235 巷 6 弄 6 號 2 樓
電話：(02) 2917-8022　傳真：(02) 2911-0053

■2019 年 10 月 1 日初版
■2023 年 3 月 3 日初版 3.3 刷
定價 300 元

城邦讀書花園
www.cite.com.tw

Printed in Taiwan

　ISBN 978-986-477-728-0